coleção primeiros passos 331

Sandra C. A. Pelegrini
Pedro Paulo A. Funari

O QUE É PATRIMÔNIO CULTURAL IMATERIAL
1ª Edição

São Paulo

editora brasiliense

Copyright © Sandra C. A. Pelegrini
e Pedro Paulo A. Funari, 2008
Nenhuma parte desta publicação pode ser gravada,
armazenada em sistemas eletrônicos, fotocopiada,
reproduzida por meios mecânicos ou outros quaisquer
sem autorização prévia da editora.

Primeira edição, 2008
6ª reimpressão, 2014

Diretora Editorial: *Maria Teresa B. de Lima*
Editor: *Max Welcman*
Produção Editorial: *Adriana F. B. Zerbinati*
Produção Gráfica: *Adriana F. B. Zerbinati*
Revisão: *Maristela Nóbrega*
Capa: *Fernando Pires*
Sobre *Lundu*, de Rugendas,1835

Dados Internacionais de Catalogação na Publicação (CIP)
(Câmara Brasileira do Livro, SP, Brasil)

Pelegrini, Sandra C. A.
 O que é patrimônio cultural imaterial / Sandra
C. A. Pelegrini, Pedro Paulo A. Funari --
São Paulo : Brasiliense, 2013. -- (Coleção
Primeiros Passos ; 331)

 ISBN 978-85-11-00149-5
 1. Arte - Brasil 2. Brasil - Usos e costumes
 3. Cultura - Brasil 4. Cultura popular - Brasil
I. Funari, Pedro Paulo A.. II. Título. III. Série.

08-06126	CDD - 306.40981

Índices para catálogo sistemático:
1. Patrimônio cultural imaterial 306.40981

editora brasiliense ltda
Rua Antônio de Barros, 1839 – Tatuapé
Cep 03401-001 – São Paulo – SP
www.editorabrasiliense.com.br

Sumário

Introdução 7

I. Sobre a cultura e o patrimônio 11

II. A diversidade cultural 21

III. A Unesco e a salvaguarda da cultura tradicional
e popular 31

IV. As identidades e as políticas preservacionistas 37

V. O patrimônio imaterial e a convenção de 2003 45

VI. O reconhecimento da imaterialidade,
das tradições e dos saberes 53

VII. As obras-mestras do patrimônio oral e imaterial 57

VIII. Cultura, educação e cidadania 65

IX. O registro dos bens imateriais brasileiros 73

X. A religiosidade como fenômeno cultural 83

XI. A diversidade religiosa brasileira: tradições e sincretismos . 89

XII. A beleza, a vitalidade e o valor do patrimônio cultural . . . 101

Indicações para leitura 105

Sobre os autores 113

Introdução

Este livro tem como objetivo introduzir o leitor em um universo ainda pouco conhecido em nosso meio: o patrimônio cultural imaterial. Não se trata de esgotar as questões, mas apresentar um pequeno manancial que permita ulteriores aprofundamentos. Por este caráter introdutório, começamos por tratar dos conceitos essenciais e procuramos, na medida do possível, discutir casos da nossa realidade quotidiana no Brasil. O leitor encontrará, assim, tanto as definições essenciais sobre cultura, patrimônio e imaterialidade como as referências essenciais às discussões contemporâneas, no mundo e no Brasil, sobre os bens culturais intangíveis.

Antropólogos, sociólogos e historiadores vêm se debruçando sobre o estudo de distintos povos e etnias, seus usos e costumes, desde longa data. O reconhecimento do patrimônio imaterial da humanidade pela Unesco e o incentivo ao registro dos bens imateriais de diversas comunidades humanas, desde meados do ano 2000, desencadearam o desenvolvimento de pesquisas sistemáticas sobre o tema, que, em última instância, visam contribuir para o levantamento, a catalogação e o registro de vivências coletivas que envolvem as diversas faces da vida social desde os tempos mais remotos até a atualidade.

A relevância dessa entusiasmada disposição se justifica pela dimensão que os bens imateriais ou intangíveis assumem na compreensão da natureza e das visões de mundo das sociedades humanas no presente, no passado e no futuro. Ao usufruirmos formas singulares de celebração e conhecimento nós retomamos parte de nossas identidades comuns. A transmissão de saberes às novas gerações e a perspectiva de valorizá-los tendem a contribuir para a elevação de nossa auto-estima e para a retomada de tradições milenares.

No caso brasileiro, a fruição dos bens imateriais revela o prazer da retomada dos bailados e das cantigas, da alegria de ritmos como o samba de roda, o frevo, o maracatu, o tambor, entre tantas outras formas de expressão e musicalidade. O ato de recitarmos versos, participarmos das festas do Divino, das folias de Reis e dos festejos carnavalescos constituem práticas incorporadas à nossa cultura.

Nossas celebrações, bem como os lugares que elegemos como sagrados, inserem-se num campo mais amplo de práticas coletivas que envolvem o sacro e o profano, o secular e o imediato. Essa amálgama de manifestações culturais cujas origens remontam aos períodos anteriores e posteriores à colonização do Brasil reúne elementos que integram a mistura presente em nossa "brasilidade".

O que é Patrimônio Cultural Imaterial 9

Se a apreensão dos bens culturais imateriais como expressões máximas da "alma dos povos" conjuga memórias e sentidos de pertencimento de indivíduos e grupos, evidentemente fortalecem os seus vínculos identitários. Entrementes, as contínuas intimidações às tradições culturais e a violência imposta ao meio ambiente, tão prosaicas na contemporaneidade, têm sinalizado a necessidade dos cidadãos de exercerem seus direitos e se mobilizarem em favor da proteção das tradições populares e dos múltiplos e plurais bens culturais de toda a humanidade. Vestígios arqueológicos, obras de arte, monumentos e expressões da oralidade popular têm sido alvo de vândalos e do descaso dos conglomerados capitalistas que tendem a homogeneizar as paisagens culturais e a massificar os costumes no mundo todo. Na tentativa de difundir a riqueza do patrimônio imaterial, esse volume apresenta inicialmente uma detida discussão sobre o conceito de cultura e de patrimônio, retoma as recomendações da Unesco e entidades afins devotados à salvaguarda da cultura popular e da oralidade. Em seguida, privilegia a discussão das matrizes que informaram as práticas preservacionistas e as convenções que se ocuparam exclusivamente da proteção dos bens intangíveis e suas repercussões no âmbito da implementação de políticas culturais no Brasil.

Trata-se de um projeto ambicioso que, sem dúvida, propõe indagações que deverão ser retomadas em outras oportunidades. Todavia, a gama variada de problemas e hipóteses levantados no presente estudo nos levou a recorrer a documentos internacionais e nacionais de natureza distinta: declarações promulgadas no âmbito europeu e latino-americano (cartas patrimoniais); certidões, registros e pareceres do Instituto do Patrimônio Histórico e Artístico Nacional (Iphan); decretos-leis e à própria Constituição da República Federativa do Brasil, além de matérias jornalísticas sobre o assunto. Esperamos assim propiciar uma leitura estimulante e esclarecedora.

Sobre a cultura e o patrimônio

Cultura: um conceito-chave

A Unesco, organismo das Nações Unidas que cuida da Educação, Ciência e Cultura, adotou, em 2003, uma Convenção sobre a Salvaguarda do Patrimônio Cultural Intangível ou Imaterial. Mas o que seria cada um dos conceitos implícitos nessa declaração: patrimônio, cultura e imaterialidade? Tudo parece começar com a cultura.

Os primeiros usos do conceito de cultura

Essa palavra é das mais antigas, sendo usada em latim, há mais de dois mil anos, para designar o cultivo da terra (de onde deriva o termo "agricultura"). O sentido é bastante concreto: plantar, cuidar da plantação, colher, tudo isso faz parte da cultura.

Em latim, essa terminação – *ura* – era usada para a criação de substantivos a partir de um verbo de ação. Temos ainda este processo de formação de palavras ainda muito ativo em nossa própria língua. Do verbo "desenvolver", surge o substantivo "desenvoltura", que designa não uma única ação, mas uma série delas. Isso significa que, na origem da cultura, não havia apenas uma única ação concreta, mas várias. Embora sejam ações práticas, elas se revestem, desde o início, de um caráter subjetivo: *colere* significava cultivar, mas também cultuar (os deuses). Não por acaso, a raiz da palavra é a mesma do nosso "colo": algo circular (como o pescoço, colo), que tudo pode englobar (por ser circular), e que nos toca os sentimentos, por meio de ações físicas concretas.

Foi o pensador romano Cícero (século I a.C.) que cunhou o mais antigo conceito da nossa cultura, ao mencionar a *cultura animi*, literalmente, a cultura, o cultivo ou culto do próprio espírito ou da alma. Formulado desta maneira, este termo implicava uma ação interior e/ou exterior. Por um lado, a preocupação do indivíduo consigo mesmo é que o levava a cultivar-se a si mesmo, como se fosse um campo a ser trabalhado. Para que isso fosse possível, era necessária uma ação exterior: a leitura dos livros, mas também o aprendizado oral, e pela imitação dos grandes gestos e ações (no sentido literal e figura-

O que é Patrimônio Cultural Imaterial   13

do). Um contemporâneo de Cícero, Salústio, lembrava que os antigos ao verem estátuas de cera de seus antepassados eram levados a segui-las como exemplos. Como em tantas outras esferas, após estabelecido um conceito, ele se metamorfoseia e se transforma. Às vezes, nem percebemos suas origens, como no caso da cultura.

A CULTURA MODERNA

A partir de meados do século XIX, o termo cultura volta a aparecer no vocabulário. Antes disso, já se desenvolvia a noção de civilização, o ápice da vida refinada. Eram civilizados os europeus, por oposição aos bárbaros, os incivilizados em relação ao resto do mundo. A civilização dependia da erudição, do trabalho de polimento, derivado da leitura, apanágio de poucos mesmo no mundo civilizado. Por isso, os próprios pobres eram iletrados e, daí, incivilizados. É nesse contexto que a antiga palavra cultura foi reabilitada e adquiriu foros de filosofia, ao ser adotada na língua alemã como *Kultur*. Ao contrário de outras línguas derivadas do latim, como o francês e o português, em alemão *Kultur* não significa nada em si: não lembra o cultivo da terra, nem o culto religioso. Tornou-se, por isso mesmo, uma palavra eruditíssima voltada para descrever, não se sabia bem o quê. Como afirmava

Herder, ao final do século XVIII, "nada é mais indeterminado do que a palavra cultura". Herder diferenciou a civilização das elites da cultura, que seria espontânea, dotada de simplicidade natural, aventando a possibilidade de interpretação para o que viria a ser reconhecido como folclore. Estava aberto o caminho para a miríade de sentidos que se desenvolveram nos últimos dois séculos. Em um caso muito sintomático, o italiano adotou duas grafias para se referir ao cultivo (*coltura*) e ao estudo (*cultura*): era o esforço para diferenciar o aspecto físico, material e tradicional, do novo conceito, enobrecido por sua adoção em alemão.

O século XIX foi o grande propulsor do nacionalismo e não se pode separar a cultura da construção dos estados nacionais. A partir da Revolução Francesa, no final do século XVIII, os antigos ordenamentos de origem feudal entram em crise. Os estados, baseados na fidelidade ao rei de direito divino, são superados por um novo tipo de formação estatal: a nação. Sem rei para unificar os súditos, partia-se do compartilhamento de um território, língua e origem étnica. Nada disso havia. Era necessário criar tais unidades territoriais, linguísticas e étnicas. Houve casos extremos. A Itália fora criada como nação sem que seus habitantes soubessem a língua italiana (conhecida por 5% da população). Como se disse à época: criada a Itália, é necessário

O que é Patrimônio Cultural Imaterial   15

criar os italianos (Massimo D´Azeglio: *fatta l'Italia, facciamo gli italiani*).

Para isso, era necessário difundir, por meio da escola, valores como a língua nacional e as supostas origens comuns. Aí, reaparece a cultura. Por um lado, o termo era reservado ao sentido nobre, para se referir ao mundo das letras. Por outro, havia que se forjar o que seriam os costumes ancestrais de um povo, dos analfabetos camponeses. Os ingleses, para não empobrecer a palavra *culture*, recorreram ao termo *lore* para criar o *folklore*: literalmente, os costumes das pessoas (este é o sentido de *folk*, em inglês, uma palavra bem pedestre e um pouco depreciativa). Já os alemães preferiram manter a palavra cultura e diferenciar a "Alta" da "Baixa" cultura: aquela erudita e resultado do estudo, esta analfabeta e quotidiana. Essa dicotomia entre alta e baixa cultura, iniciada nesse momento, está na raiz das disputas ainda em pleno século XXI, como veremos mais adiante. Está na raiz daquilo que os alemães chamaram de *Kulturkampf* (guerra cultural ou, mais especificamente, a luta pela definição do que seja cultura).

EM CENA: A ANTROPOLOGIA

Cultura, do ponto de vista da organização das ciências, é um conceito antropológico, antes de ser histórico, filosófico ou linguístico. É a única disciplina acadêmica que assim se define: "A Antropologia quer ser a ciência das culturas de toda a Humanidade", como definia Jean-Marie Auzias na década de 1970. Hoje, Marc Auge e Jean-Paul Collegyn confirmam e acrescentam algo: "Quando se fala em Antropologia, entende-se a disciplina que trata da diversidade contemporânea das culturas humanas". A incorporação da cultura por outras disciplinas, como a História, passou pela Antropologia (a História Antropológica, tal como propugnada pelo historiador Peter Burke). Antropológica porque busca incorporar "o conjunto das representações coletivas de uma sociedade" (Pascal Ory). A própria Convenção da Unesco subentende uma preocupação antropológica pela cultura. Examinemos, pois, a contribuição da Antropologia para a conceituação de cultura.

Paralelamente ao nacionalismo que visava à formação de futuros cidadãos, expandia-se a ação imperialista dessas mesmas sociedades industriais. A conquista do mundo, por meio das armas na África e na Ásia, ou por intermédio do domínio econômico, no caso da América Latina, ocasionaria o desenvolvimento de uma nova disciplina que pudesse entender (e dominar) esses outros povos. Enquanto a História estudava o passado de nós mesmos (os conquistadores europeus e americanos) e a nascente Sociologia voltava-se para o estudo do funcionamen-

O *que é Patrimônio Cultural Imaterial*

to das nossas sociedades, a Antropologia surgiu para estudar o outro: a cultura dos outros. O contato íntimo com a diferença explica o interesse em entender como as pessoas agem em diversos lugares e períodos. O que diferencia o homem de animais aparentados, como os símios? Roque de Barros Laraia descreve bem essa questão:

> Acompanhando o desenvolvimento de uma criança humana e de uma criança chimpanzé até o primeiro ano de vida, não se nota muita diferença: ambas são capazes de aprender, mais ou menos, as mesmas coisas. Mas quando a criança começa a aprender a falar, coisa que o chimpanzé não consegue, a distância torna-se imensa. Através da comunicação oral a criança vai recebendo informações sobre todo o conhecimento acumulado pela cultura em que vive. Não falta ao chimpanzé a mesma capacidade de observação e de invenção, faltando-lhe, porém, a possibilidade de comunicação. Assim sendo, cada observação realizada por um indivíduo chimpanzé não beneficia a sua espécie, pois nasce e acaba com ele. No caso humano, ocorre exatamente o contrário: toda experiência de um indivíduo é transmitida aos demais, criando assim um interminável processo de acumulação (2006, p. 51-52).

A cultura consiste, pois, em transmitir valores adquiridos pela experiência de determinado grupo humano. Difere, portanto, de um grupo a outro. Ruth Benedict (1887-1948) lembrou que a cultura é como uma lente através da qual o ser humano vê o mundo, sem a qual nada enxergamos. O sociólogo precursor brasileiro Gilberto Freyre (1900-1987), na esteira de suas leituras antropológicas, formularia com precisão: "Quase se pode dizer que o hábito ou o costume é que é, no homem, a natureza humana". Uma definição mais recente, de Christoph Brumann, parece ser bastante abrangente:

> A cultura é o conjunto de padrões adquiridos socialmente a partir dos quais as pessoas pensam, sentem e fazem. Uma cultura não requer proximidade física ou um tipo específico de sociabilidade direta (*Gemeinschaft*), apenas interação social, mesmo que mediada por meios de comunicação e que seja casual. Mesmo ver, ouvir ou ler uns aos outros pode ser o suficiente (1999, p. S23).

O veterano antropólogo norte-americano, Marshall Sahlins, em entrevista na segunda metade da década dos anos 2000, chegou a afirmar que "a cultura é tudo", no sentido de que não existe natureza que não se expresse de forma simbólica, em determinada sociedade.

A CULTURA NO SEU CONTEXTO HISTÓRICO

A preocupação com as diferenças surgiu no contato entre os povos contemporâneos. Entretanto, esse interesse pela cultura dos outros levou a uma preocupação com o passado, com a profundidade histórica das especificidades e, portanto, com as diferenças. Os antropólogos criaram como estratégia para o conhecimento das culturas, a imersão, a pesquisa de campo na qual o estudioso despe-se, na medida do possível, de si mesmo e tenta conviver à maneira do povo estudado. Deve, pois, aprender sua língua, sua maneira de comer, brincar, chorar, fazer as necessidades ou, até mesmo, algo tão simples como dormir. Para alguém acostumado a dormir sozinho em uma cama, dormir com outra pessoa em uma rede (nus) é uma experiência a ser bem aprendida. Assim como tudo.

Essas preocupações foram e continuam a ser muito importantes, para que possamos experimentar e entender as expressões culturais. Contudo, assim como nossa maneira de comer tem uma história, existem outros modos de se alimentar. A cultura não é algo dado, uma simples herança que se possa transmitir de geração a geração. Ela é uma produção histórica, como parte das relações entre os grupos sociais. Assim, ao estudo das diferenças entre nós, que comemos com garfo e faca, e os japoneses que comem com pauzinhos, sobreveio a constatação de que nossos antepassados só adotaram os garfos e as facas há alguns séculos. Antes, comiam com as mãos. A equação nós/eles no presente foi complementada pela consciência da importância das mudanças, aquilo que também se costuma chamar de dinâmica cultural.

Paralelamente, surgia a preocupação com as culturas no interior de uma mesma sociedade, cujas características são também históricas. Para ficar ainda no exemplo da alimentação, um caso permite perceber isso claramente. Um antropólogo, acostumado com sua cultura brasileira, come com garfo e faca. Interna-se em um grupo indígena e descobre outras maneiras de comer. Contudo, ao voltar para sua sociedade brasileira, hospeda-se na casa de brasileiros que comem com a mão! São camponeses. Ainda no percurso, acomoda-se em uma casa em que se come, também, com a mão, mas com a ajuda do pão sírio. São também brasileiros, de origem libanesa. Temos, pois, três maneiras de comer, todas contemporâneas, todas da "cultura brasileira". Como lembrou Marc Auge, "o ser humano não pode ser, em nenhum caso, por uma só e única pertença cultural". A dicotomia original nós/eles multiplica-se e torna-se histórica, pois são os avatares da História que explicam tais diferenças.

A DIVERSIDADE CULTURAL

O avanço da industrialização e dos meios de comunicação de massa criou as condições para o que se denominou globalização ou mundialização. Em especial, na década de 1960, formulou-se a hipótese de uma homogeneização cultural inexorável da humanidade. Contudo, como ressalta Jean-Pierre Warnier:

> A modernização dos últimos quarenta anos não produziu a convergência esperada. Mais do que isso: tomou-se consciência de que a humanidade está, de forma inerente, fadada a produzir clivagens sociais, de não sei quantos grupos, de distinção cultural, de modos de vida e de consumo muito variados. Em suma: a humanidade é uma formidável máquina de produção de diferenças culturais, a despeito dos processos que agem em sentido contrário (2004, p. 20).

Quais processos históricos levaram a essa conclusão, aparentemente inesperada? Podemos remontar aos movimentos sociais resultantes do período pós-guerra, a partir do fim da década de 1940. Explodiram movimentos, tanto no interior das sociedades ocidentais como no exterior. As mulheres emergiram como sujeitos, assim como grupos étnicos antes discriminados. As reivindicações de direitos de expressão de sexualidades seguiram, nas décadas sucessivas, assim como os contrastes religiosos e políticos. No âmbito externo, os colonizados se revoltaram contra os colonizadores. A diversidade surgiu como uma categoria para explicar essas divergências, de caráter a um só tempo cultural e político. Nesse contexto, as forças que supostamente levariam à homogeneização cultural da humanidade serviram, a seu modo, para demarcar as diferenças. O caso da televisão é claro: por um lado, seriados americanos que passam em todo o mundo e difundem certos valores "universais"; por outro, um potente difusor das particularidades. Em meio a tantos programas importados, nunca houve tantos programas locais. Isso não significa que a diversidade não seja afetada pela homogeneização, mas a variedade cultural humana mostrou-se muito mais poderosa e importante do que muitos estudiosos haviam pensado.

O que é Patrimônio Cultural Imaterial

Veremos, mais adiante, a importância disso para a vitalidade do patrimônio cultural imaterial.

DIVERSIDADE E IDENTIDADES

A valorização da diversidade humana não pode ser desvencilhada da eclosão das reivindicações do reconhecimento do valor de identidades sociais e, portanto, da contestação dos conceitos de cultura monolítica e homogênea. Partindo do pressuposto de que as pessoas de um mesmo grupo compartilham valores, de que se sentem partícipes, formulou-se o conceito normativo de "pertencimento" (*belonging*). Essas abordagens foram chamadas de normativas por pressuporem que as pessoas aceitam normas de conduta do grupo humano do qual fazem parte. O desrespeito às normas é considerado, em geral, desvio de comportamento, punido pelo coletivo. Essa coletividade pode ser ampla ou restrita, mas o princípio normativo é sempre o mesmo. Vejamos dois exemplos extremos.

Os alemães são ordeiros e gostam de batatas, assim como os argentinos são orgulhosos de sua nação e adoram carne. Os alemães que são desorganizados e não comem batatas representam desvios, como os argentinos que não valorizam seu país e são vegetarianos. Voltemo-nos, agora, para coletivos reduzidos. Os palmeirenses são descendentes de italianos e sabem o hino do clube de cor. Os ecologistas não fumam e só falam em ecologia. Em todos estes casos, os modelos normativos consideram as miríades de exemplos que contradizem os enunciados como falha de pertencimento e, portanto, como desvios que apenas confirmam a regra.

Nas últimas décadas, tais modelos normativos foram muito criticados, tanto do ponto de vista empírico como teórico. Em termos práticos, as pessoas não deixam de ser palmeirenses por não serem descendentes de italianos, nem se não souberem o hino do time, nem se pode afirmar que tais características sejam sequer majoritárias. Por outro lado, as normas que definem o pertencimento não foram estabelecidas por pesquisadores após um estudo de todos os membros de uma coletividade. Além disso, todo grupo humano está em constante mudança. O questionamento mais profundo, porém, veio dos pressupostos teóricos desses modelos normativos. As pessoas possuem múltiplas autorrepresentações, elas se comportam de diferentes maneiras em diversos contextos, em constante mutação. As noções de norma e desvio variam em um mesmo grupo humano e até para o mesmo indivíduo. Os pertencimentos são múltiplos também.

A diversidade cultural não pode ser desvencilhada também da noção de diversidade da vida. A genética das populações humanas descobriu que os grupos humanos não são unidades biológicas. As diferenças genéticas são tão grandes de uma tribo a outra quanto de uma aldeia a outra de uma mesma tribo. A luta contra o racismo e todo tipo de discriminação foi combatida a partir da valorização da diversidade biológica. Não à toa, Claude Lévi-Strauss, encarregado pela Unesco de escrever um documento para essa entidade internacional sobre "raça", propugnou pela preservação dessa variabilidade:

> Não se pode dissimular que, a despeito de sua urgente necessidade prática e dos objetivos morais elevados que ela se impõe, a luta contra todas as formas de discriminação participa desse mesmo movimento que leva a humanidade em direção a uma civilização mundial, destruidora dos velhos particularismos aos quais recai a honra de haver criado os valores estéticos e espirituais que dão seu valor à vida e que nós recolhemos, preciosamente, nas bibliotecas e museus, pois nos sentimos cada vez menos capazes de produzi-lo (1983, p. 47).

Voltaremos a essas questões quando tratarmos da preservação do patrimônio cultural imaterial em detalhe.

CULTURA MATERIAL E IMATERIAL

A disjunção entre a matéria e o espírito tem raízes profundas, como já vimos, pois Cícero já separava a cultura do solo da cultura da alma. Seria apenas modernamente, contudo, que surgiria essa contraposição entre materialidade e imaterialidade, assim como suas definições. A noção de matéria na base dessa contraposição está na palavra latina *materies* ou *matéria*: trata-se da substantivação da mãe (*mater*). Passou a designar algo bem concreto: a madeira (que a tudo alimenta, como a mãe) e, daí, todo tipo de coisa. A junção desse termo com cultura – que se refere ao humano – resultou no conceito de cultura material como a totalidade do mundo físico apropriado pelas sociedades humanas. Estão incluídos não apenas o que o ser humano produz, na forma de artefatos, como tudo o que ele transforma no decorrer do tempo. Como já observara Karl Marx:

> Animais e plantas, que se costumam considerar como produtos naturais são, não apenas produtos do trabalho – talvez do trabalho do ano anterior – mas, igualmente, na sua forma atual, produtos de uma transformação contínua, sob o controle humano e por meio do seu trabalho, por muitas gerações (apud Funari, 2003, p. 14).

O que é Patrimônio Cultural Imaterial 27

Dessa forma, fica claro que mesmo a "nature-za" é o resultado do trabalho humano e apresenta-se como cultura material. O que seria, então, o imaterial? A expressão inglesa ajuda-nos a compreender o que se quer dizer com isso: intangível (*intangible*). Usaram-se, anteriormente, expressões que podiam gerar discussões até mesmo de caráter religioso, como no caso de cultura espiritual, originária da expressão alemã *Geistkultur*. Essa mesma ambiguidade estava na definição de Cícero: *cultura animi*, cultura da alma. Alma e espírito levam-nos para um âmbito controverso das definições até mesmo teológicas. De maneira mais prosaica, a imaterialidade foi resumida à impossibilidade de tocar (mas não de ser percebida, claro). Assim, podemos tocar nos instrumentos musicais, nas pessoas e nas roupas, mas uma dança popular não pode, enquanto conjunto da representação, ser "tocada". Aí está a imaterialidade: o todo compreende a cultura material, mas é maior do que a soma dessas materialidades.

PATRIMÔNIO

Patrimônio, em nosso quotidiano, surge como os bens de valor, aquilo que temos e que declaramos no imposto de renda. Desse sentido material, chegamos ao figurado: aquilo que é de valor para nós, mesmo que não tenha um preço: "O maior patrimônio é a honestidade", como diz o ditado. Em outras línguas essa diferença está no próprio vocabulário, que diferencia os bens de valor monetário (*property, assets*, em inglês) do patrimônio afetivo e simbólico (*heritage*). Essa ambiguidade não deixa de reiterar-se pela existência de bens simbólicos e vendáveis ao mesmo tempo: um relógio de ouro do vovô tem um valor de mercado e um valor afetivo. O relógio pode ser, simultaneamente, um patrimônio monetário e cultural.

O conceito de patrimônio cultural, na verdade, está imbricado com as identidades sociais e resulta, primeiro das políticas do estado nacional e, em seguida, do seu questionamento no quadro da defesa da diversidade. Patrimônio cultural associou-se, nos séculos XVIII e XIX com a nação, com a escolha daquilo que representaria a nacionalidade, na forma de monumentos, edifícios ou outras formas de expressão. Podiam ser objetos antigos, como construções modernas ou, mais provavelmente, uma mescla nova de ambos. Assim, surgiram os Museus de Antiguidades, com peças antigas, mas reunidas em honra de uma nação. Esse é o modelo de museu com ambições imperiais e universalistas como o Britânico, em Londres, ou o Louvre, em Paris. Outros podiam ter ambições mais nacionalistas ou regionalistas do que imperiais, como é o caso do Museu Paulista (Museu do Ipiranga), voltado para reunir os objetos antigos que mostrariam as pretensões de supremacia nacional do Estado de São Paulo. Daí o lema: *non ducor, duco* (não sou conduzido, conduzo).

A Unesco e os estados nacionais expressaram a predileção pelo caráter excepcional de obras-primas, da humanidade ou da nação, como dignos de preservação e posteridade. Com as críticas ao nacionalismo e às visões normativas da sociedade, surgiram os apelos pelo patrimônio da humanidade, considerado não uma abstração monolítica e homogênea – que não existe –, mas na concretude da diversidade. Esse movimento de valorização das culturas, iniciado com os aspectos materiais, em geral produzido pelas elites, passou aos poucos a se expandir para as manifestações intangíveis e dos grupos sociais em geral, não apenas, pelos dominantes. Tolina Loulanski ressaltou, em artigo da segunda metade da década de 2000, que houve uma passagem dos monumentos para as pessoas:

> Com a democratização da cultura e sua definição socioantropológica expandida (segundo a qual quase qualquer atividade humana pode ser igualmente cultura, e onde todo produto humano pode ser, da mesma maneira, digno de preservação), a distância entre o patrimônio cultural como *monu-*

mentos e as *pessoas* como suas criadoras, guardiãs
e usuárias foi muito reduzida (2006, p. 213).

O patrimônio, antes restrito ao excepcional, aproximou-se, cada vez mais, das ações quotidianas, em sua imensa e riquíssima heterogeneidade. Algo aparentemente tão simples como charquear carnes revela-se variado, com características próprias e únicas, em cada canto do planeta, digno, portanto, de preservação como vivência diferenciada da humanidade, como propugnou a insuspeita revista *The Economist* (December 2006, Cured Meat, p. 88-90). O intelectual palestino Edward Said (1935-2003) constatou que, mais do que nunca, os estudiosos se voltam para "as energias e correntes não europeias, descolonizadas, descentradas, de relações de gênero de nossa época"(2007, p. 23).

A UNESCO E A SALVAGUARDA DA CULTURA TRADICIONAL E POPULAR

A valorização do patrimônio imaterial na atualidade advém, portanto, das alterações sofridas pelas acepções do conceito de cultura e patrimônio. Ela está articulada às transformações das formas de convívio social e aos padrões culturais que regem a existência humana. A própria dinâmica cultural expressa nos movimentos que deram origem à discussão sobre a necessidade de salvaguarda do patrimônio imaterial e à historicidade dos conceitos que a envolvem explicitam o reconhecimento de que o patrimônio materializa as mais diversas formas de cultura e que, portanto, se constitui em mais uma esfera de embates sociais.

A identificação do patrimônio histórico, cultural, paisagístico e natural da humanidade vem sendo realizada desde longa data, todavia foi efetuada de forma sistemática a partir da década de 1930, quando alguns estudiosos preocupados com o crescimento urbano se deram conta da urgência de refletirem com profundidade sobre as reformas que se intensificavam em várias partes do mundo e, como tal, traziam à tona tanto a questão da necessidade de se preservar ou não determinados monumentos como a de retirá-los de seu local de origem de modo a não obstruir vias de acesso de grandes metrópoles e estimular o desenvolvimento de áreas da cidade que precisavam sofrer intervenções.

Arqueólogos, historiadores e arquitetos, entre outros profissionais, passaram então a realizar simpósios para chamar a atenção de todo o mundo para a importância do legado histórico que os monumentos arquitetônicos e as obras de arte representavam para a humanidade. A partir de novembro de 1945, a Organização das Nações Unidas para a Educação, a Ciência e a Cultura (Unesco) engajou-se nesse campo e passou a promover reflexões sobre estratégias pacíficas de desenvolvimento, em particular, nas áreas das Ciências Naturais, Humanas e Sociais, da Cultura, da Comunicação, da Educação e da Informação.

Mas nem todos os países do mundo aderiram às proposições da Unesco. Desde a sua criação até a atualidade, a organização reuniu vários estados visando a intermediar conflitos e evitar confrontos bélicos tão impactantes quanto a Segunda Guerra

O que é Patrimônio Cultural Imaterial 33

Mundial (1939-1945). Em 1972, a Unesco conseguiu mobilizar cerca de 148 países em torno de um abrangente pacto em prol dos bens culturais e naturais da humanidade – "Convenção do Patrimônio Mundial".

A cada dois anos, a Unesco realiza uma Conferência Geral com o objetivo de debater e deliberar sobre temas internacionais candentes. Para tanto, mobiliza especialistas nas áreas de conhecimento que são de sua competência, desenvolve pesquisas e procura estabelecer contato com autoridades políticas de todo o planeta. O principal intuito está centralizado na tentativa de se antecipar diante dos problemas capitais em relação às sociedades humanas. Até o início do século XXI, o órgão conseguiu a adesão de 190 países – um número expressivo de signatários.

Sem dúvida, devemos reconhecer que a atuação da Unesco e os documentos resultantes das conferências realizadas por ela vêm se convertendo em instrumentos normativos que têm influenciado a legislação, as políticas públicas de cultura e as medidas concretas adotadas por vários países. Nesses termos, podemos afirmar que a "Carta de Haia", assinada em maio de 1954, representa um marco na trajetória desse órgão, uma vez que propôs medidas para proteção de bens culturais em caso de conflito armado, num período muito conturbado das relações internacionais e conhecido como "Guerra Fria". A contraposição entre o mundo capitalista ocidental, a União Soviética e os países da Europa Oriental viria a afetar as discussões sobre o patrimônio, no cenário internacional. Contudo, a proteção aos bens culturais ainda manteve-se circunscrita ao patrimônio natural, aos "bens de cal e pedra" e às obras de arte no continente europeu (ou relacionadas a ele).

A intensa busca de aceitação por parte dos diversos agentes sociais suscitou, ao longo da segunda metade do século XX, um amplo questionamento de padrões de conduta e conceitos cristalizados pela própria Unesco, ocasionando, como já explicitamos, uma ampliação da acepção de patrimônio, outrora restrito às interfaces da "memória histórica", aos "caprichos" da natureza e à "providência divina" supostamente inspiradora das obras-primas da humanidade.

Essa revisão epistemológica do termo, embasada nos novos paradigmas das ciências humanas, em particular, da História e da Antropologia, viabilizou uma expansão dos bens culturais a serem reconhecidos. Contudo, o questionamento das formas de poder emergente nos anos de 1960 abriu brechas para a manifestação de valores identitários, antes subjugados, e trouxe à tona referenciais culturais anteriormente incógnitos. Tais indagações compeli-

O que é Patrimônio Cultural Imaterial   35

ram várias áreas do conhecimento a também repensarem seus paradigmas.

A contestação de toda e qualquer forma de autoridade, as utopias por uma sociedade mais humana, a revisão de arquétipos de comportamento e a emergência de novas sensibilidades levou à percepção dos bens culturais como testemunhos do quotidiano e da concretização do insólito, do imaterial. Nessa direção, os fundamentos que norteavam a seleção dos bens e o sentido da preservação propugnada pela Unesco ampliaram-se alcançando não somente monumentos suntuosos representativos do ponto de vista dos poderes hegemônicos, mas também construções mais simples e integradas ao dia a dia das populações (como estações de trem ou mercados públicos) e, mais recentemente, os bens culturais de natureza intangível (como expressões, conhecimentos, práticas e técnicas populares).

No entanto, as recomendações contidas nas cartas patrimoniais resultantes das conferências internacionais realizadas nas décadas de 1960 e 1970, em especial na "Carta de Veneza" (1964), na "Declaração de Amsterdã" (1975) e na "Declaração do México" (1982) que fixaram novos padrões para a apreciação dos bens culturais. Primeiro, porque expandiram a concepção de monumento e de cultura. Segundo, porque redefiniram os critérios para a definição do rol de bens a serem protegidos.

A concretização das proposições da Unesco e demais organizações envolvidas com a defesa do patrimônio cultural foi possível em função da amplitude adquirida pela "Convenção do Patrimônio Mundial", celebrada em 1972. Esse pacto internacional impulsionou a mobilização de alguns países signatários da convenção, em particular, da Bolívia, que reivindicava maior atenção às manifestações relativas à "cultura tradicional e popular". Tal exigência suscitou, na década de 1980, investimentos em soluções jurídicas com vistas à proteção da cultura e de suas práticas, por meio de documentos reconhecidos internacionalmente. Entre eles, talvez, o mais importante tenha resultado da "Conferência Mundial sobre as Políticas Culturais", realizada em Mondiacult (México), em 1982, dada a relevância atribuída às relações entre a cultura e a identidade dos povos.

AS IDENTIDADES E AS POLÍTICAS PRESERVACIONISTAS

O tratamento dispensado à questão da identidade no documento síntese da "Conferência Mundial sobre as Políticas Culturais" (1982), organizado pelo Conselho Internacional de Monumentos e Sítios (Icomos), foi singular, pois sugeriu outra possibilidade de interpretação das políticas de salvaguarda e destacou que "todas as culturas" integravam o "patrimônio comum da humanidade" e se locupletavam mutuamente. Ademais, definia a "identidade cultural" nos seguintes termos:

> [...] é uma riqueza que dinamiza as possibilidades de realização da espécie humana ao mobilizar cada povo e cada grupo a nutrir-se de seu passado e a colher as contribuições externas compatíveis com a sua especificidade e continuar, assim, o processo de sua própria criação (Conferência Mundial sobre as Políticas Culturais, 1982).

Nessa linha de argumentação, os membros da conferência afirmavam categoricamente que a "identidade" e a "diversidade" eram "indissociáveis", sendo essa última reconhecida como a "essência" do "pluralismo cultural" – fundamental para "o reconhecimento de múltiplas identidades culturais onde coexistissem diversas tradições". Destarte, reclamavam a implementação de "políticas culturais" que protegessem, estimulassem e enriquecessem "a identidade e o patrimônio cultural de cada povo", numa atmosfera do "mais absoluto respeito e apreço pelas minorias culturais e pelas outras culturas do mundo". E advertiam: a "humanidade empobrece quando se ignora ou se destrói a cultura de um grupo determinado" (Conferência Mundial sobre as Políticas Culturais, 1982).

A cultura, sob essa ótica, consistia numa forma de "intercâmbio de ideias e experiências", inclusive, de "apreciação de outros valores e tradições" diversos da civilização ocidental. Na sua acepção mais abrangente, a cultura era considerada um "conjunto dos traços distintivos espirituais, materiais, intelectuais e afetivos" que distinguiam "uma sociedade e um grupo social", abarcando, "além das artes e das letras, os modos de vida, os direitos fundamentais do ser humano, os sistemas de valores, as tradições e as crenças".

O que é Patrimônio Cultural Imaterial 39

Estavam lançadas as categorias basais que dariam fundamentação à "Recomendação sobre a Salvaguarda da Cultura Tradicional e Popular" (1989), resultante da 25ª. Reunião da Conferência Geral da Unesco, bem como ao Informe da Comissão Mundial de Cultura e Desenvolvimento, alcunhado "Nossa Diversidade Criativa" (1996). Esses dois documentos enfatizavam a necessidade da sistematização de soluções para a proteção efetiva dos bens culturais e para a elaboração de um inventário dos direitos culturais, uma vez que eles se mostravam dispersos entre os instrumentos legais de proteção aos direitos humanos.

Convém lembrarmos que, entre os direitos culturais, listavam-se o direito autoral, o direito à participação na vida cultural (criação e fruição), o direito à difusão, o direito à identidade cultural (ou de proteção do patrimônio cultural) e o direito à cooperação cultural internacional. O primeiro direito cultural a ser reconhecido foi o direito autoral. De certa forma, a sua instituição legal esteve articulada aos ideais revolucionários eclodidos na Inglaterra (1688), nos Estados Unidos (1776) e na França (1789), mobilizações que corroboraram para o reconhecimento da criação intelectual e artística como uma das mais autênticas propriedades individuais.

A formulação de diretrizes dessa natureza, por parte da comunidade internacional, evidenciou uma profícua reflexão sobre o próprio conceito de cultura, sua aproximação dos estudos antropológicos e dos direitos culturais, haja vista que suas proposições embasaram-se na seguinte conceituação:

> A cultura tradicional e popular é o *conjunto de criações que emanam de uma comunidade cultural fundadas na tradição*, expressadas por um grupo ou por indivíduos e que reconhecidamente correspondem às expectativas da comunidade como *expressão de sua identidade cultural e social*; as normas e os valores se transmitem oralmente, por repetição ou de outras maneiras. Suas formas compreendem, entre outras, a língua, a literatura, a música, a dança, os jogos, a mitologia, os rituais, os costumes, o artesanato, a arquitetura e outras artes (Recomendação sobre a Salvaguarda da Cultura Tradicional e Popular, 1989, p. 1) – grifos nossos.

Em termos metodológicos, o documento sugeria que a identificação da cultura tradicional e popular se processasse mediante as pesquisas realizadas pelos Estados membros em diferentes níveis, ou seja, nacional, regional e internacional. Nessa linha, indicava a execução de inventários nacionais de instituições interessadas nessa temática e sua inclusão

O que é Patrimônio Cultural Imaterial 41

em listas de registros regionais ou mundiais, bem como o desenvolvimento de estudos capazes de catalisar sistemas de registro, utilizados pelas referidas instituições, como catálogos ou guias de compilação, visando garantir sistemas coordenados de classificação e a criação de tipologias normativas sobre a cultura tradicional. Além disso, sugeria a confecção de projetos piloto nesse campo.

As recomendações já adiantavam que a conservação da documentação relativa às tradições da cultura tradicional e popular devia privilegiar a percepção, se tais práticas continuavam ou não sendo utilizadas ou se haviam passado por transformações. Em outros termos, esse cuidado implicava o registro de dados que poderiam estar disponíveis tanto a futuros pesquisadores quanto aos próprios portadores de tradições, para que ambos pudessem compreender o processo de modificação dos seus próprios referenciais culturais, uma vez que a cultura tradicional e popular mantinha-se viva e, do ponto de vista dos conferencistas, possuía um "caráter evolutivo" que nem sempre permitia uma proteção "direta" e "eficaz".

De pronto, observamos que o equívoco de se pensar a cultura em termos "evolutivos" já implicava uma hierarquização das culturas que tomavam como referência a cultura ocidental. De certo modo, esse documento antecipava as celeumas que as idiossincrasias referentes ao conceito de patrimônio imaterial iriam despertar entre os antropólogos e historiadores no início do século XXI.

Tal alarido decorre do reconhecimento de que um dos princípios fundadores da cultura reside na sua dinâmica e vitalidade. A suspeição quanto à validade dos registros da cultura ou das expressões culturais populares assenta-se, portanto, na ideia de que seja considerado inoportuno defini-la como um conjunto preciso de elementos que se mantêm intactos, uma vez que seus usos e sentidos incorporam significados ao longo do tempo. Entretanto, essas ressignificações, do nosso ponto de vista, enriquecem os bens culturais, sejam eles materiais ou imateriais e, de alguma forma, os mantêm vinculados às tradições que lhes deram origem e à dinâmica social das comunidades que se identificam com eles.

Se na década de 1980 predominaram nos debates internacionais as prerrogativas referentes à conceituação de patrimônio e de cultura (e suas respectivas formas de preservação), na década seguinte os primeiros documentos direcionados à proteção do patrimônio mundial se voltaram com especial ênfase à gestão cultural, priorizaram a aplicação de medidas devotadas não só ao reconhecimento das mais distintas expressões culturais, mas, principalmente, à implementação de ações capazes de fomentar o

O que é Patrimônio Cultural Imaterial   43

desenvolvimento artístico, a tutela, a divulgação, o inventário e a salvaguarda dos bens.

De modo geral, podemos afirmar que a Unesco e as políticas patrimoniais adotadas pelos diversos países do mundo, nas últimas décadas do século XX e nos anos iniciais do século XXI, empreenderam esforços no sentido de retificar a perspectiva monumentalista atribuída ao patrimônio desde meados do século XIX na França e buscaram valorizar a diversidade cultural. Entretanto, a observação atenta das normativas internacionais que fundamentaram as ações em prol desse tipo de bens culturais nos revela as pressões das culturas minoritárias no sentido do seu reconhecimento e nos coloca outras indagações.

A inquietação mais insurgente com a qual nos deparamos diz respeito direto às posturas da Unesco em relação às culturas tradicionais e populares. Nesse âmbito, podemos conjeturar: algumas das alterações nos modos de ver e tratar o patrimônio tenderam a remediar o etnocentrismo da cultura ocidental, expresso no colonialismo e nas políticas preservacionistas propostas pela própria Unesco?

A resposta a essa indagação nos leva, por um lado, a retomar os objetivos dessa instituição reconhecida como um dos órgãos internacionais que tem adquirido maior expressão na esfera das políticas de proteção patrimonial. E, por outro, a verificar se o etnocentrismo norteou as políticas públicas patrimoniais. Tal hipótese poderá ser identificada ou não nas construções discursivas que regem os princípios da Unesco e de outros órgãos internacionais devotados à proteção patrimonial. Nesse sentido, cabe-nos refletir um pouco mais detidamente sobre as duas principais convenções que têm norteado as políticas de proteção do patrimônio material e imaterial.

O PATRIMÔNIO IMATERIAL E A CONVENÇÃO DE 2003

Desde a sua criação em 1945, a Unesco tem assumido a tarefa de atuar como um expoente vigilante e promotor de melhorias nas condições sociais da população mundial. Para isso, procura fomentar a interlocução e a cooperação intelectual entre os países membros, promover a troca de experiências e a propagação de projetos inovadores do ponto de vista do bem estar social e da partilha de pesquisas e conhecimentos. O órgão tende também a disponibilizar lineamentos técnicos e metodológicos para os Estados membros visando embasar os rumos de seu desenvolvimento.

No que tange às políticas preservacionistas – conforme já comentamos – a "Convenção do Patrimônio" (1972) voltou-se à identificação, proteção e preservação do patrimônio material da humanidade (arqueológico, artístico, edificado, natural e paisagístico). Desde então, essa convenção vem fundamentando os principais instrumentos das políticas públicas de proteção aos bens patrimoniais.

A "Convenção para a Salvaguarda do Patrimônio Imaterial" – formulada em 2003 – dedicou-se, exclusivamente, à problemática que envolve o patrimônio cultural imaterial. Assim, no primeiro parágrafo do artigo segundo desse documento, o patrimônio imaterial ou intangível foi alcunhado como:

> [...] práticas, representações, expressões, conhecimentos e técnicas - junto com os instrumentos, objetos, artefatos e lugares culturais que lhes são associados - que as comunidades, os grupos e, em alguns casos, os indivíduos reconhecem como parte integrante de seu patrimônio cultural (Convenção para a Salvaguarda do Patrimônio Imaterial, 2003, p. 1).

Desse ponto de vista, o patrimônio imaterial transmitido de geração a geração é conceituado a partir da perspectiva da alteridade. Ele é considerado alvo de constantes "recriações" decorrentes das mutações entre as comunidades e os grupos que convivem num dado espaço social, do meio ambiente, das interações com a natureza e da própria história dessas populações – aspectos funda-

O que é Patrimônio Cultural Imaterial 47

mentais para o enraizamento ou o sentido de pertença que favorece "o respeito à diversidade cultural e à criatividade humana".

Evidentemente, esse "pacto internacional" ratificou a "Recomendação sobre a Salvaguarda da Cultura Tradicional e Popular" (1989) e a "Declaração Universal da Unesco sobre a Diversidade Cultural" (2001), além dos instrumentos internacionais referentes à matéria dos direitos humanos de 1948 e 1966 (mencionados anteriormente).

O mérito dessas duas convenções e a importância delas como instrumentos normativos na defesa do patrimônio cultural devem ser reconhecidos. No entanto, no preâmbulo da Convenção de 2003, a Unesco reconhece que os processos de globalização e de transformação social, presentes na contemporaneidade, oferecem "condições propícias para um diálogo renovado entre as comunidades", mas "geram também, da mesma forma, o fenômeno da intolerância, assim como graves riscos de deterioração, desaparecimento e destruição do patrimônio cultural imaterial", em função da carência de instrumentos e meios para sua salvaguarda. Nessa direção, salienta ainda que as iniciativas de indivíduos ou comunidades, em particular dos "indígenas", tendem a desempenhar uma função prioritária na esfera da produção, recriação e manutenção de tais bens, corroborando para o fomento da diversidade cultural.

Ainda que esse documento não tenha explicitado claramente os critérios para o reconhecimento do patrimônio imaterial, apontou indícios no sentido de o acautelamento de bens dessa natureza tornar-se "compatível com os instrumentos internacionais de direitos humanos existentes e com os imperativos de respeito mútuo entre comunidades, grupos e indivíduos, e do desenvolvimento sustentável". Propôs, no parágrafo segundo, do artigo segundo, que o patrimônio intangível se manifestava, em particular, nos seguintes campos:

a) tradições e expressões orais, incluindo o idioma como veículo do patrimônio cultural imaterial;

b) expressões artísticas;

c) práticas sociais, rituais e atos festivos;

d) conhecimentos e práticas relacionados à natureza e ao universo;

e) técnicas artesanais tradicionais (Convenção para a Salvaguarda do Patrimônio Imaterial, 2003, p. 1).

Por essa via, recomendava a adoção de medidas aplicadas à investigação, identificação, documentação, proteção, valorização, revitalização dos

O que é Patrimônio Cultural Imaterial 49

bens intangíveis e sugeria que a transmissão desses bens ocorresse "essencialmente por meio da educação formal e não formal".

Com vistas à obtenção de maior eficácia das ações em prol do patrimônio imaterial, essa convenção aconselhou a formação de um "Comitê Intergovernamental para a Salvaguarda do Patrimônio Cultural Imaterial", constituído por Estados membros da Unesco, eleitos em Assembleia Geral da organização. Mohamed Bedjaui, da Argélia, foi o primeiro presidente desse comitê que contou com a colaboração de O. Faruk Logoglu, da Turquia, e quatro vice-presidentes oriundos do Brasil, Etiópia, Índia e Romênia. Entre os demais países que integram o comitê, constavam representantes da Bélgica, Bulgária, China, Emirados Árabes Unidos, Estônia, Gabão, Hungria, Japão, México, Nigéria, Peru, Senegal, Vietnã, Madagáscar, Albânia, Zâmbia, Armênia, Zimbábue, Camboja, Macedônia, Marrocos, França e Costa do Marfim.

Por seu turno, a "Convenção do Patrimônio" (1972) prescreveu sem subterfúgios e de forma direta os principais critérios norteadores da seleção dos bens culturais e naturais na Lista do Patrimônio Mundial. Entre os quesitos necessários à inclusão nessa lista, destacou a excepcionalidade, a antiguidade do bem e sua característica como "obra notável do gênio criativo humano". A convenção também determinou que esses bens deviam

> [...] constituir (...) manifestação de um intercâmbio considerável de valores humanos durante um determinado período ou em uma área cultural específica ou; contribuir com "um testemunho único ou pelo menos excepcional de uma tradição cultural ou de uma civilização existente ou já extinta" ou; "ser exemplo destacado de um tipo de construção, ou de conjunto arquitetônico, tecnológico ou paisagístico que ilustre uma ou mais etapas significativas da história da humanidade" ou; constituir exemplo destacado de habitat, estabelecimento humano tradicional ou de uso na região, que seja representativo de uma ou mais culturas (...) ou; estar associado direta ou indiretamente com acontecimentos ou tradições vivas, com ideias ou crenças, ou com obras artísticas ou literárias de excepcional valor universal [...] (Convenção do Patrimônio, 1972).

O documento ainda deixava explícito que o critério da autenticidade dos bens e a forma como eles estivessem sendo protegidos e administrados eram igualmente importantes para o processo contínuo

O que é Patrimônio Cultural Imaterial 51

de preservação. Para manter o controle sobre as condições dos sítios protegidos, o referido documento ainda reafirmava a necessidade da apresentação periódica de informes dos Estados membros da convenção sobre a situação dos sítios e centros históricos, bem como a divulgação das medidas adotadas para preservá-los e a implementação de ações voltadas a despertar o interesse público em relação ao patrimônio cultural.

Por certo, ao definir que o bem cultural para ser digno da lista do patrimônio mundial da humanidade devia "estar associado direta ou indiretamente com acontecimentos ou tradições vivas, com ideias ou crenças, ou com obras artísticas ou literárias", a Convenção de 1972 parecia avançar no sentido da compreensão do próprio conceito de cultura. No entanto, ao enfatizar a necessidade do seu "excepcional valor universal", impunha não somente juízos de valor sobre os bens culturais, considerando sua universalidade um elemento fundamental, como padrões culturais inspirados na cultura ocidental.

Ainda, nessa linha de interpretação, podemos indagar: o rol de bens patrimoniais reconhecidos pela Unesco corrobora para reafirmar certa dicotomia cultural entre os povos "desenvolvidos" e os "subdesenvolvidos"? Se prevalece o reverenciamento dos monumentos das civilizações dominadoras, a ascendência dos interesses das grandes potências mundiais e suas elites, qual o atual sentido atribuído à preservação dos bens imateriais, à oralidade e às tradições populares?

VI
O RECONHECIMENTO DA IMATERIALIDADE, DAS TRADIÇÕES E DOS SABERES

A historicidade do tema, os princípios definidores do conceito, as tipologias classificatórias e até as justificativas que motivaram os registros do patrimônio nos livros de tombo nacionais e a inclusão de bens na lista das obras-primas do patrimônio mundial da humanidade apontam pistas cruciais para a nossa percepção a respeito dos referenciais que informaram (e continuam informando) a seleção e a proteção do patrimônio mundial.

O estudo clássico do patrimônio e das políticas de proteção implementadas no decorrer do século XX também aponta certas prioridades. Os bens materiais foram apreendidos, por um lado, como bens que recebemos de nossos antepassados e deixamos como espólio para os nossos descendentes e, por outro, como o patrimônio coletivo representativo para vários grupos ou comunidades.

Se cotejarmos a lista dos bens materiais inicialmente tomados como obras-primas da humanidade, talvez possamos levantar indícios sobre a proeminência dos referenciais culturais ocidentais na eleição do patrimônio mundial. De pronto, a observação atenta dessa lista aponta a significativa importância atribuída aos bens materiais radicados na Europa, no decorrer do século XX, uma vez que mais de 50% dos bens reconhecidos pela Unesco se encontram no continente europeu e 60% do total de bens listados se situam na Europa e na América do Norte. Além disso, as noções de civilidade e cultura que regem os bens tombados na América Central e do Sul, e nos continentes Asiático e Africano também apresentam traços nítidos dos "valores culturais introduzidos pelos europeus" nessas regiões. Aliás, esse assunto foi introduzido em nosso livro *patrimônio histórico e cultural* (2006, p. 27).

Curiosamente, essa estatística se inverte quando observamos os registros dos bens imateriais entre 2001 e 2005. Seria um mero acaso o fato de que o reconhecimento dos bens imateriais pareça privilegiar as culturas distintas das ocidentais? Seria coincidência a expansão do processo de patrimonização dos bens dos povos latino-americanos, caribenhos, africanos e asiáticos no limiar do século XXI?

Se, como afirmamos anteriormente, a oralidade e os conhecimentos tradicionais tomados como

O que é Patrimônio Cultural Imaterial

expressões fundamentais na identificação cultural dos povos se tornaram alvo de reverência, discussão e proteção a partir de meados dos anos oitenta do século XX, os apontamentos decorrentes dos simpósios e das convenções firmados desde a década de 1990 viabilizaram o levantamento de uma listagem do primeiro "lote" de bens imateriais proclamados pela Unesco, em 2001. Contudo, esse arrolamento visou apenas a estimular a candidatura dos bens imateriais espalhados pelo mundo. Efetivamente, apenas no ano de 2003, mediante a promulgação da "Convenção para a Salvaguarda do Patrimônio Cultural Imaterial", a Unesco conseguiu imprimir algumas diretrizes internacionais para o inventário e acautelamento dos bens intangíveis.

Essas normativas se assentaram nos princípios norteadores das Cartas Internacionais, referendadas como prescrições imperativas do Direito Internacional, quais sejam a "Declaração Universal dos Direitos Humanos" (1948), o "Pacto Internacional de Direitos Econômicos, Sociais e Culturais" (1966) e o "Pacto Internacional de Direitos Civis e Políticos (1966)", conforme explicitado no preâmbulo da "Convenção para Salvaguarda do Patrimônio Cultural Imaterial", celebrada na Cidade Luz (Paris – França), em 17 de outubro de 2003.

AS OBRAS MESTRAS DO PATRIMÔNIO ORAL E IMATERIAL
VII

Ao observarmos o mapeamento dos bens realizado pela própria Unesco, em especial o dos bens imateriais proclamados em 2003, vamos detectar que apenas quatro estavam vinculados diretamente à Europa, portanto, mais de 85% dos bens se dividiram entre os países da América Latina e do Caribe, da África, dos Países Árabes, Ásia e do Pacífico.

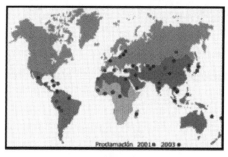

Disponível em www.unesco.org.br

Situação semelhante pôde ser percebida três anos antes, quando em 18 de maio de 2001, a Unesco proclamou as primeiras 19 "Obras Mestras do Patrimônio Oral e Imaterial da Humanidade". Nessa lista, constavam os seguintes bens:

1. A língua, as danças e a música de Gafuna (Belize);
2. O carnaval Oruro (Bolívia);
3. O espaço cultural da Fraternidade do Espírito Santo de Congos de Villa Mella (República Dominicana);
4. O patrimônio oral e as manifestações culturais do povo Zapara (Equador e Peru);
5. O patrimônio oral de Gelede (Benin);
6. A música de trombetas transversais da comunidade Tagbana (Costa do Marfim);
7. O espaço cultural de Sosso Bala em Niagassola (Guiné);
8. A ópera Kunqu (China);
9. O teatro Sanscrito de Kutiyattam (Índia);
10. O teatro Nôgatu (Japão);
11. O ritual real ancestral e a música ritual do lugar santo e de Jongmyo (Coreia);
12. Os cantos Hudhud (Filipinas);

O que é Patrimônio Cultural Imaterial 59

13. O espaço cultural da região de Boysun (Uzbequistão);

14. A praça de Fna Djamaa (Marrocos);

15. O Mistério de Elche (Espanha);

16. Os cantos polifônicos georgianos (Geórgia);

17. A ópera de marionetes da Sicília (Itália);

18. A fabricação artesanal de crucifixos e seu simbolismo na Lituânia (Lituânia);

19. O espaço cultural e a cultura oral da Rússia (Rússia).

Chama-nos a atenção o fato de que entre esses bens imateriais apenas 15,78% correspondam ao território europeu. Contudo, não podemos afirmar que os bens registrados estejam vinculados apenas às "tradições populares" ou às práticas restritas ao "povo". O acautelamento de algumas técnicas orientais no feitio de objetos (como espadas) não se restringe aos segmentos populares ou às comunidades menos favorecidas.

Em 2005, observamos certo crescimento do número de bens imateriais europeus reconhecidos pela Unesco, mas apenas oito bens foram proclamados, atingindo 18,60% do total. Notavelmente, entre 2001 e 2005, a América do Norte continuou sem ter reconhecido nenhum bem patrimonial intangível. Qual a explicação para esse desinteresse dos estadunidenses em relação aos seus possíveis bens imateriais? As teorias da Antropologia e da Sociologia dão conta de explicar a excessiva valorização da cultura material e da massificação dos gostos e valores? O predomínio dos continentes periféricos na luta pela valorização do patrimônio imaterial pode ser entendido, provavelmente, como revelador de uma disjunção, como vimos antes, entre alta e baixa cultura. A cultura arquitetônica e artística predominante no patrimônio cultural material associa-se às elites; a "civilização" está sobrerrepresentada nos tombamentos da Unesco. Como contraponto, o caráter periférico, popular e simples, por assim dizer, da cultura imaterial favorece o predomínio do mundo periférico.

Nesse contexto, pode-se entender o empenho latino-americano na valorização do seu patrimônio. Cabe-nos salientar que entre os bens proclamados em 2005, na "Lista das Obras-Mestras do Patrimônio Oral e Imaterial da Humanidade", foram arrolados oito pertencentes à América Latina e ao Caribe:

1. O samba de roda do Recôncavo Baiano (Brasil);
2. O espaço cultural de San Basílio (Colômbia);
3. Tradições pastoris e carros de boi (Costa Rica);
4. Dança tradicional Cocolo (República Dominicana);

O que é Patrimônio Cultural Imaterial

5. Dança teatral Rabinal Achi (Guatemala);
6. 2001: "La lengua, la danza y la música de los garifunas" (Guatemala);
7. El Gueguense (Nicarágua);
8. Arte têxtil Taquile (Peru).

Como podemos notar no mapeamento realizado pela própria Unesco, a maioria dos bens intangíveis reconhecidos na listagem efetuada no ano de 2005 remonta ao continente africano e asiático:

Disponível em www.unesco.org.br

A África, os países árabes, a Ásia e os países do Pacífico reúnem maior número de tradições e expressões, artes tradicionais, práticas sociais, rituais, festivais, espaços culturais e saberes de artistas tradicionais reconhecidos internacionalmente.

Entre esses conhecimentos, se destacam a "Arte de fazer roupa com cortiça ou casca de árvore" (Uganda) e "O conhecimento, o ritual e a prática social tradicionais dos Kris" (Indonésia). O exame dos registros nos livros de tombo, no futuro, certamente poderá embasar pesquisas capazes de apontar as transformações e alteridades culturais ao longo dos séculos.

A despeito da análise dos avanços e retrocessos no processo de reconhecimento da pluralidade cultural, nunca é demais lembrar que a acepção do patrimônio intangível assentou-se na ideia de que esse patrimônio se constitui de um conjunto de formas de cultura tradicional e popular ou folclórica, ou seja, as "obras coletivas" que emanam de uma cultura e se fundamentam nas tradições transmitidas oralmente ou a partir de expressões gestuais que podem sofrer modificações no decorrer do tempo por meio de processos de recriação coletiva. Mesmo assim, não raro, a preservação do patrimônio se mantém articulada às memórias e identidades das elites dominantes, de modo que os bens reconhecidos como tal representam apenas os interesses e os jogos de poder desses segmentos.

Além disso, como alertamos no volume "Patrimônio Histórico e Cultural" (2006, p. 10), os valores patrimoniais e os juízos de preservação se alteram com o passar do tempo, pois ambos são cons-

O que é Patrimônio Cultural Imaterial 63

truídos social e historicamente. Se o indivíduo no decorrer de sua vida passa por transformações biológicas, culturais e sociais que o levam a vincular-se a grupos com diferentes faixas etárias, distintas categorias profissionais ou díspares opções religiosas; de fato, as coletividades convivem com permanentes processos de interação e mudança. Essa diversidade resulta numa "multiplicidade de pontos de vista, de interesses e de ações no mundo" que, por sua vez, influencia os valores que definem sua relação com o patrimônio e o sentido de pertencimento de uns agentes sociais em relação aos outros, sejam eles homens ou mulheres, crianças ou adultos, jovens ou idosos.

CULTURA, EDUCAÇÃO E CIDADANIA

A importância constitucional atribuída à cultura e sua admissão no rol de direitos e deveres que compreendem o integral exercício da cidadania podem ser constatadas na Constituição Brasileira, promulgada em 1988, e nas emendas constitucionais que se seguiram. No artigo 215 dessa Carta Magna fica especificado que o "Estado garantirá a todos o pleno exercício dos direitos culturais e acesso às fontes da cultura nacional". A ele caberá resguardar "as manifestações das culturas populares, indígenas e afro-brasileiras, e das de outros grupos participantes do processo civilizatório nacional", além de dispor sobre a "fixação de datas comemorativas de alta significação para os diferentes segmentos étnicos nacionais".

Uma das conquistas mais recentes nesse campo diz respeito à implementação da legislação responsável pelo "Plano Nacional de Cultura", garantida pela Emenda Constitucional nº 48 (2005), segundo a qual deve ser privilegiada a "integração das ações do poder público" em "defesa e valorização do patrimônio cultural brasileiro"; a "produção, promoção e difusão de bens culturais"; o respeito à "diversidade étnica e regional"; a "formação de pessoal qualificado para a gestão da cultura em suas múltiplas dimensões; enfim, a "democratização do acesso aos bens de cultura".

Com efeito, no artigo 23, a União já tomava para si a responsabilidade de, junto aos poderes estaduais, federais e municipais, "proteger os documentos, as obras e outros bens de valor histórico, artístico e cultural, os monumentos, as paisagens naturais notáveis e os sítios arqueológicos"; e ainda "impedir a evasão, a destruição e a descaracterização de obras de arte e de outros bens de valor histórico, artístico ou cultural" e "proporcionar os meios de acesso à cultura, à educação e à ciência". Nesse sentido, o texto explicitava que cabia aos municípios (artigo 30) legislar em favor dos "programas de educação infantil e de ensino fundamental" (cf. Emenda Constitucional nº 53, de 2006) e "promover a proteção do patrimônio histórico-cultural local, observada a legislação e a ação fiscalizadora federal e estadual". Por fim, o artigo 216 ampliou o conceito e os meios de proteção ao patrimônio cultural brasi-

O que é Patrimônio Cultural Imaterial 67

leiro, no que se referem aos "bens de natureza material e imaterial, tomados individualmente ou em conjunto, portadores de referência à identidade, à ação, à memória dos diferentes grupos formadores da sociedade brasileira". Mas em termos práticos, quais as medidas acionadas pelo Estado para fazer valerem essas disposições constitucionais?

À União, aos Estados e municípios é atribuído pela Constituição da República Federativa do Brasil o dever de proteger o patrimônio cultural brasileiro, por intermédio de "inventários, registros, vigilância, tombamento e desapropriação, e de outras formas de acautelamento e preservação" e de punir aqueles que cometerem "danos e ameaças ao patrimônio cultural". Todas essas tarefas foram atribuídas ao (Iphan), criado na segunda metade da década de 1930, no governo Vargas.

A estrutura administrativa desse órgão, ora vinculado ao Ministério da Educação, ora ao de Cultura, sofreu uma série de reestruturações. Entretanto, ele continua atendendo às disposições constitucionais e às recomendações pertinentes aos compromissos firmados entre os países signatários das convenções do patrimônio, lideradas pela Unesco e pelos órgãos afins. Esses pactos contemplados nas disposições da Constituição brasileira regem as ações do Iphan e norteiam as intervenções do instituto, que está organizado em secretarias, superintendências e escritórios regionais.

Não obstante, o Iphan enfrenta dificuldades impostas pela insuficiência de contingentes profissionais capazes de agilizar os pedidos de acautelamento dos bens dispostos no imenso território nacional e pelos limitados recursos financeiros que recebe, embora a Emenda Constitucional n° 42 (2003) tenha buscado amenizar essa situação por meio da proposta de criação de fundos estaduais de "fomento à cultura até cinco décimos por cento de sua receita tributária líquida, para o financiamento de programas e projetos culturais".

Ademais, a realização de inventários demanda mão de obra especializada e a concretização de planos de salvaguarda e tombamento e, não raro, depara-se com interesses políticos e econômicos, em especial os imobiliários. Se, por um lado, o Iphan assume um papel primordial nos processos de preservação do patrimônio, uma vez que estabelece, com base nos documentos internacionais e nacionais, balizas e padrões normativos para tais encaminhamentos, por outro, confronta-se com questões específicas contempladas pela implementação de legislação complementar (municipais ou estaduais) que visa à resolução de impasses e empenhos particulares atinentes a instâncias decisórias de poder que definem os projetos e progra-

O que é Patrimônio Cultural Imaterial 69

mas culturais a serem desenvolvidos ou não pelas autoridades locais.

Em consonância com as discussões internacionais e a Constituição do Brasil, o Iphan vem atuando mediante a distinção e preservação dos bens culturais brasileiros. Oito livros de tombo se ocupam do registro de bens tangíveis e intangíveis. Os de natureza material são classificados nos livros de Tombo Arqueológico, Etnográfico e Paisagístico; de Tombo Histórico; de Tombo das Belas Artes e das Artes Aplicadas. Os de natureza imaterial são registrados nos livros de Registro dos Saberes; das Formas de Expressão; das Celebrações e dos Lugares.

Esses quatro últimos livros foram criados recentemente visando a atender, como já explicitamos antes, às disposições do artigo 216 da Constituição de 1988, cujo intuito distinguiu como patrimônio cultural as formas de expressão e os modos de criar, fazer e viver, além das criações científicas, artísticas e tecnológicas e das obras, objetos, documentos e edificações destinados a manifestações artístico-culturais ou resultado delas. Essa definição, somada ao estabelecido no artigo 215 da mesma Constituição, apontou garantias no sentido do "pleno exercício dos direitos culturais" e do "acesso às fontes da cultura nacional". Apesar de tão belas palavras não deixarem dúvida quanto ao papel do Estado na esfera cultural e da iniciativa de grupos organizados da sociedade trabalharem em prol desse reconhecimento, as questões culturais no século XXI ainda continuam sendo tratadas de modo secundário pelas políticas públicas.

Há pouca clareza sobre as contribuições que a conservação integrada e o desenvolvimento sustentável podem suscitar no âmbito social e econômico. Outrossim, as políticas culturais continuam sendo alijadas das medidas capazes de viabilizar o acesso de maior parte da população brasileira às condições básicas de existência e ao exercício efetivo da cidadania. Por outro lado, os esforços das comunidades locais, dos especialistas e do Iphan têm sido pródigos no sentido do inventariamento e acautelamento dos bens intangíveis.

Convém destacarmos que a gestão integrada do patrimônio reúne ações públicas planejadas que visam a um só tempo ao crescimento econômico dos logradouros que abrigam bens culturais e ao envolvimento das populações residentes. Esse enfoque, matura nas três últimas décadas do século XX, ainda é recente e vem sendo aplicado nos planos diretores das cidades contemporâneas. As matrizes teóricas da gestão integrada se assentam em duas perspectivas basais:

A da conservação integrada, formulada inicialmente pelo urbanismo progressista italiano dos

O que é Patrimônio Cultural Imaterial   71

anos 1960/70, e que encontrou sua expressão maior no Manifesto de Amsterdã, de 1975; A do desenvolvimento sustentável, elaborada a partir dos preceitos apresentados pela Comissão Mundial sobre Meio Ambiente e Desenvolvimento e que levou à Agenda 21 e a seus desdobramentos urbanos (cf. Jokilehto, 2002, p. 2).

Tais aportes evidenciaram o valor fundamental da integração das políticas públicas e o investimento no planejamento multidimensional dos logradouros, mediante os pressupostos da equidade social e da preservação ambiental e patrimonial.

A conservação integrada mostra-se como um princípio crucial para o desenvolvimento sustentável, *a priori* porque restabelece a ideia de que os lugares podem ser interpretados como artefatos histórico-culturais que garantem elos de ligação entre as gerações. Sob essa ótica, "a cultura aparece como uma dimensão de mesma importância que a economia e a política em qualquer estratégia de implantação de políticas de desenvolvimento sustentável" (cf. Jokilehto, 2002, p. 5).

A valorização do patrimônio cultural e a necessidade da reabilitação dos centros históricos, na atualidade, constituem premissas básicas dos debates sobre o desenvolvimento sustentável, uma vez que a reabilitação dessas áreas e o reconhecimento dos bens culturais materiais e imateriais das populações residentes podem potencializar a identidade coletiva dos povos, contribuir para o seu desenvolvimento econômico e social, otimizar os custos financeiros e ambientais do desenvolvimento por meio do aproveitamento da infraestrutura das áreas centrais e do incremento do turismo responsável, ou seja, de atividades que contemplam o lazer cultural, mas se distanciam do usufruto massificado do espaço e do meio ambiente (Pelegrini, 2006). Não por acaso, discutem-se as possibilidades de integração das políticas públicas, o fomento do investimento público e privado em programas de novos usos de bens patrimoniais e sua integração nos circuitos culturais e na dinâmica sócioeconômica das comunidades locais.

IX
O REGISTRO DOS BENS IMATERIAIS BRASILEIROS

Os bens imateriais congregados por categoria foram gravados nos Livros de Tombo mediante a apreciação de práticas e manifestações sociais, subdividas em:

1. Rituais e festas que abalizam as vivências coletivas e outras práticas da vida social, como religiosidades e entretenimento;
2. Manifestações artísticas em geral que envolvem linguagens, danças e ritmos;
3. Lugares onde são reproduzidas práticas culturais coletivas, como mercados, feiras, santuários ou praças;
4. Modos de fazer e conhecimentos radicados no cotidiano das comunidades.

Já estão registrados como Patrimônio Imaterial os seguintes bens brasileiros:

1. Ofício das Paneleiras de Goiabeiras (dez./2002);

2. Arte Kusiwa dos Índios Wajãpi (dez./2002);

3. Samba de roda do Recôncavo Baiano (out./2004);

4. Modo de fazer de Viola-de-cocho (jan./2005);

5. Ofício das baianas de acarajé (jan./2005);

6. Círio de Nossa Senhora de Nazaré (out./2005);

7. Jongo no Sudeste (dez./2005);

8. Cachoeira de Iauaretê – lugar sagrado dos povos indígenas dos Rios Uaupés e Papuri (out./2006);

9. Feira de Caruaru (dez./2006);

10. Frevo (dez./2006);

11. Tambor de Crioula do Maranhão (jun./2007)

Outros processos concernentes ao registro de bens imateriais estão em fase adiantada como é o caso dos queijos artesanais e dos cantos sagrados do milho verde (ambos de Minas Gerais), da linguagem dos sinos nas cidades históricas mineiras, do teatro popular de bonecos (Mamulengo), da Feira de São Joaquim de Salvador (BA). Além disso, cerca de 29 inventários se encontram em andamento. Entre eles, destacamos: o do tacacá (PA), o da cerâmica candeal (Minas Gerais), o dos bois-

O que é Patrimônio Cultural Imaterial 75

bumbás Garantido e Caprichoso (PA) e o do Museu Aberto do Descobrimento (BA).

Os processos de registro dos bens culturais de natureza intangível (conforme previsto no Decreto nº 3551/2000) devem ser protocolizados mediante a apresentação de um requerimento e contemplar alguns pré-requisitos definidos na Resolução nº 001/2006 do Iphan, tais como a apresentação de documentos de identificação do proponente; uma declaração que expresse formalmente a anuência dos representantes da comunidade produtora do bem e seu empenho na instauração do processo de registro requerido; a justificativa da solicitação; a descrição do bem proposto para registro, com indicativos da sua periodização, do seu local de origem e permanências, da atuação dos grupos sociais envolvidos; dados históricos sobre o bem.

Não obstante, torna-se imprescindível a exposição de documentos comprobatórios relativos a existência do bem, materializada por meio de referências bibliográficas, produções textuais, fotográficas, fonográficas ou fílmicas, desenhos, vídeos, entre outras.

Convém destacarmos que o mero registro do bem de natureza material ou imaterial não assegura a sua preservação, mas sim, a adoção de uma série de medidas que viabilizem um plano efetivo de salvaguarda. Se tomarmos alguns exemplos desse processo, talvez possamos exemplificar com maior clareza do que se trata.

A fabricação artesanal de recipientes de barro, registrado no Livro de Saberes como "Ofício das Paneleiras de Goiabeiras", garante a subsistência de cerca de 120 famílias da comunidade, portanto constitui uma atividade essencial na vida de pessoas que vêm dando continuidade a uma tradição indígena que é passada de geração a geração acerca de 400 anos.

As panelas são tomadas como suportes imprescindíveis ao cozimento da moqueca capixaba, reconhecida como um prato típico ou como sistema culinário característico da população do Espírito Santo. Elas possuem vários tamanhos e formatos: caldeirões, panelas de fundo, de pirão, de moqueca, de caldo e travessas para servir. Nesse contexto, o plano de salvaguarda desse ofício envolve não só ações atinentes à organização e à capacitação das paneleiras, mas, principalmente, medidas que visam à sustentabilidade ambiental desse ofício. Por meio da educação patrimonial e ambiental, as artesãs são conscientizadas de que a continuidade desse ofício depende da preservação dos insumos provenientes do meio ambiente, ou seja, do barro extraído do Vale do Mulembá e do tanino, extraído do manguezal, e empregado na coloração das panelas de barro.

Disponível em www.unesco.org.br

Algumas das paneleiras oferecem palestras e oficinas de trabalho nos seus próprios galpões. Nessa ocasião, elas têm a oportunidade de demonstrar todo o processo de feitio das panelas de barro: desde a extração da argila e modelagem, passando pela primeira secagem, raspagem, polimento até a secagem final. Após esse processo, seguem-se a queima ou cozimento do barro ao ar livre (com lenha), em seguida, uma a uma, as panelas são "açoitadas", ou seja, pintadas com uma espécie de pincel denominado "vassourinha de muxinga" (arbusto abundante na região) e com os pigmentos obtidos da casca de árvore *Rhisophora mangue*.

Os dados fornecidos pela Associação das Paneleiras de Goiabeiras (APG) revelam que, na atualidade, os artefatos são comercializados no Brasil (São Paulo, Rio de Janeiro, Pará, Rio Grande do Sul, Rondônia, entre outros) e no exterior (Austrália,

Estados Unidos e França) e possuem um selo de controle de qualidade.

Como podemos observar, a APG atua como uma espécie de cooperativa e assiste juridicamente às paneleiras de modo a otimizar os negócios e orientar a comercialização dos produtos artesanais.

Os contornos da salvaguarda do modo de fazer da Viola-de-cocho igualmente registrado no Livro dos Saberes se processa de maneira similar, pois esse instrumento musical é produzido unicamente de forma artesanal, com a utilização de matérias-primas existentes na região Centro-Oeste do Brasil. A singularidade de seu formato garante suas peculiaridades sonoras.

Já o "Samba de Roda do Recôncavo Baiano", proclamado como bem cultural nacional (2004) e como patrimônio imaterial reconhecido na "Lista das Obras-Mestras do Patrimônio Oral e Imaterial da Humanidade" (2005), constitui uma das mais importantes formas de expressões musicais, coreográficas, poéticas e festivas da cultura brasileira. Os especialistas admitem que ela influenciou o samba carioca e configura-se como uma das referências da musicalidade nacional. Suas particularidades envolvem a formulação de um plano de salvaguarda, assentado nas ações dispostas à transmissão de conhecimentos tradicionais, relativos ao saber fazer e à execução do marchete, e também no arranjo for-

O que é Patrimônio Cultural Imaterial 79

mal de uma entidade que represente os artesãos e facilite a autogestão dos seus projetos. Somadas a essas medidas, ainda observamos a difusão de sua musicalidade por meio de "gravações" e do agenciamento de apresentações dos grupos de samba de roda, entre outras atividades de divulgação.

Constam do Livro de Registro das Formas de Expressão também as manifestações gráficas e orais da comunidade Wajãpi do Amapá, cuja manutenção garante a sua importância na esfera da tradição cultural indígena. Chama-nos atenção a sua excepcionalidade estética diante de outras formas indígenas e não indígenas de expressão gráfica, principalmente porque a combinação de cores e linhas se reporta ao ciclo vital da comunidade e à percepção de suas relações com o meio aquático e as espécies de peixes existentes na região. A arte Kusiwa foi inclusa pela Unesco, na "Lista das Obras-Mestras do Patrimônio Oral e Imaterial da Humanidade" (2005), sob a alegação de congregar valores de afirmação identitária dos índios wajãpi.

Curiosamente, a diversidade cultural das comunidades indígenas sobreviventes no extremo norte do Brasil foi contemplada por meio da preservação da Cachoeira do Iauaretê – primeiro bem imaterial a ser inscrito no Livro dos Lugares, em 2006. Localizada no Alto Rio Negro – município de São Gabriel da Cachoeira (Amazonas) – ela é avaliada como um lugar sagrado dos povos indígenas dos rios Uaupés e Papuri, cujas origens remontam à fixação e à convivência entre cerca de 14 etnias diferentes, articuladas numa rede de trocas e identificadas pelo respeito às suas visões de mundo, às formas de organização social e à cultura material dela subjacente.

Não podemos negligenciar que os estudos de sistemas culinários e seus derivados integram o inventariamento de comidas típicas de determinadas regiões do país. O acarajé, a tapioca, o pato no tucupi, a farinha de mandioca, entre tantos outros pratos, estão sendo alvo de pesquisadores interessados em desvelar os costumes e a culinária regional. Lamentavelmente, os sistemas de alimentação ainda são pouco valorizados, embora os estudiosos do tema como Claude Lévi-Strauss, desde longa data, tenham indicado que esses sistemas podem evidenciar elementos das identidades nacionais, regionais, étnicas e religiosas.

O preparo dos alimentos pressupõe inter-relações entre os aspectos culturais e simbólicos da vida social, entre a natureza e a cultura, entre o particular e o universal, o salgado e o doce. Elizabete Mendonça e Maria Dina Nogueira Pinto enfatizam que a farinha de mandioca e o acarajé apresentam essa característica basal, ou seja, a mistura. Ao misturarmos os alimentos, estamos relacionando também distintas tradições culturais que integram a vida

O que é Patrimônio Cultural Imaterial 81

social brasileira. O acarajé, por exemplo, é um quitute servido na rua (no domínio público) e que remete aos mitos de origem de autoridades sagradas africanas as quais o prato é oferecido em rituais de Candomblé (domínio privado). O acarajé é amplamente reconhecido num "universo de representações simbólicas que se manifesta nas modinhas e canções populares" (2002, p. 43).

A partir da organização de "inventários alimentares", torna-se possível evocar o conhecimento de tradições referentes aos modos de fazer e de consumir determinados alimentos. O Ofício das Baianas de Acarajé, registrado no Livro de Saberes em 2005, contemplou a produção da chamada "comida de baiana", comercializada em tabuleiros. O quitute, à base de feijão fradinho moído, cebola, alho e adubos especiais como camarão, é consumido tanto nos rituais religiosos como de modo informal no quotidiano.

Certo é que o registro dos bens não assegura a transmissão dos saberes e das tradições, mas oferece visibilidade para manifestações regionais. O estímulo à candidatura de outros bens materiais ou imateriais deve prever a implementação de planos de salvaguarda destinados à difusão e ao incentivo às práticas culturais. Na verdade, os livros de registro contemplam uma estratégia cultivada pelo poeta Mário de Andrade (1893-1945), quando ele se arvorou à responsabilidade e ao prazer de realizar uma "expedição folclórica" na década de 1930, com a finalidade de catalogar expressões populares brasileiras. Essa iniciativa, efetivamente, tornou-se o alicerce de futuras políticas de preservação, pois não é possível proteger o que não se conhece.

As medidas – voltadas ao mapeamento, ao inventário e à valorização de formas tradicionais de manifestação artística ou ritual, cantos, fazeres e conhecimentos culinários e medicinais populares – vêm oferecendo visibilidade à riqueza e pluralidade do patrimônio cultural brasileiro, em suas distintas dimensões. As expressões culturais constituem um dos mais intensos exemplos da criatividade e da persistência das tradições das diversas etnias que se entrecruzaram e formaram a nação brasileira.

A RELIGIOSIDADE COMO FENÔMENO CULTURAL

A religiosidade é tão antiga como o ser humano. Alguns diriam que é isso que o define como distinto dos outros primatas. O *homo sapiens* não poderia ser definido apenas como aquele que faz artefatos, como já se procurou fazer, pois não apenas outros símios o fazem, como porque muitos animais se utilizam de objetos e os transformam, assim, em instrumentos. O uso da linguagem foi outro critério importante. Não sabemos, contudo, quando o ser humano desenvolveu a fala e há estudos recentes, na área de Biologia, que tentam mostrar que os papagaios não falam aleatoriamente. O que temos de concreto são as imagens nas cavernas. Elas são uma linguagem que outros animais não desenvolveram e, segundo boa parte dos estudiosos, essas imagens não apenas retratam o mundo, mas tentam intervir nele. Uma imagem de um animal sendo caçado ou de um grupo de pessoas que dança não parece apenas descrever eventos (a caçada e a festa), mas a intervir para que o animal seja caçado e que a dança produza algum efeito (como poderia ser uma chuva). Se assim for, a humanidade estaria na crença.

Não precisamos adotar essa definição para colocarmos a religiosidade como parte essencial da experiência da vida em sociedade. Religiosidade é um termo amplo que procura ultrapassar as definições mais estreitas de religião, crença, magia, culto, ritual ou outros, que estarão abrangidos pelo sentimento difuso associado às práticas religiosas. A imaterialidade dos sentimentos religiosos associa-os, de forma muito direta, ao patrimônio cultural imaterial ou intangível. Mesmo os estados que propugnaram o ateísmo como política oficial se revestiram de religiosidade, como no caso mais famoso das filas para a visita à múmia de Lênin, na Praça Vermelha, em Moscou, à época da União Soviética. Como fenômeno cultural, podem-se entender como religiosas as procissões na Praça Vermelha em que se levavam os retratos de Lênin, à maneira dos ícones da Igreja Ortodoxa Russa.

A religião foi objeto de estudo dos teólogos, mas foi apenas com as nascentes Ciências Sociais,

O que é Patrimônio Cultural Imaterial   85

na passagem do século XIX para o XX, que a religiosidade mereceu a atenção dos estudiosos, como fenômeno cultural, antes que teológico. A teologia busca conhecer, por dentro, determinada religião, como sistema filosófico e ritualístico. Já o estudo antropológico da religiosidade visa conhecer o caráter, a um só tempo, humano, social e cultural das crenças. Os inícios da Sociologia e da Antropologia foram marcados por um interesse intenso pela religiosidade como fator essencial da vida em sociedade. O sociólogo alemão Max Weber iria fundar na religiosidade a explicação última dos ordenamentos sociais, e mesmo do capitalismo, surgido do Protestantismo. Segundo essa interpretação, apenas a fé protestante, com o desenvolvimento de uma ética do trabalho, teria tornado possível o acúmulo de capital. Por sua parte, a magia viria a ocupar lugar de destaque na compreensão antropológica das sociedades africanas e americanas. Disso tudo, importa reter que a religiosidade tornou-se importante tema de reflexão.

Do ponto de vista da cultura, a religiosidade pode ser considerada um conjunto de atividades que se articulam com as crenças e os rituais. Devido à teologia e às estruturas hierárquicas das diversas denominações religiosas, estamos acostumados a considerar as manifestações religiosas a partir do seu enquadramento em uma categoria institucional. Assim, uma procissão do Senhor Morto é considerada parte das práticas da Igreja Católica, oferendas a Iemanjá seriam parte da Umbanda, enquanto uma Marcha com Jesus uma manifestação evangélica. Do ponto de vista dos organizadores dessas atividades, essas definições não estão incorretas. Contudo, em termos antropológicos, cada uma dessas práticas tem significações muito variadas e que fogem do controle institucional e dos significados teológicos das denominações. Isso é importante, para podermos entender a dinâmica das práticas culturais imateriais religiosas. Todas são produtos com origens variadas e mescladas, em alguns aspectos institucionalizadas, mas sempre vivas, tornadas significativas na prática das pessoas comuns.

Um exemplo permitirá observar essa riqueza. As procissões marítimas brasileiras em honra de Nossa Senhora, tratadas em detalhe mais adiante, têm origens muito longínquas e variadas. Já há milênios, no Mediterrâneo antigo, faziam-se procissões marítimas em honra de divindades femininas. Quando o Cristianismo dominou o cenário, as procissões tiveram continuidade, mas já assimiladas tanto à teologia como à ritualidade cristã. As divindades pagãs foram substituídas por Maria, Mãe de Deus. Os oficiantes se tornaram os sacerdotes católicos. Em que medida as pessoas entendiam essas

O que é Patrimônio Cultural Imaterial 87

procissões à luz da doutrina, ou davam continuidade a rituais de oferenda ao mar que pouco tinham a ver com Maria? Aportadas tais práticas ao continente sul-americano, encontraram aqui ainda outras divindades e concepções sobre a importância dos espíritos das águas. Ao lado dessas interpretações dos ameríndios vieram as práticas e os rituais africanos, cuja relação com o mar não era menos importante. Divindades marítimas milenares, Maria, espíritos, Iemanjá, tudo isso compõe um quadro que foge ao controle das teologias e das hierarquias. As pessoas que participam das festividades não apenas não se importam com tais sutilezas, como, muitas vezes, percebem os usos que podem fazer da diversidade de abordagens.

Isso nos conduz a outro tema: os conflitos e as tensões que estão expressos nas manifestações religiosas intangíveis. Quando falamos em tradições, logo nos ocorre a manutenção da ordem, a reprodução social, algo conservador. Nada está mais distante da vivência efetiva. Embora as origens dessas festas se percam nos milênios, cada uma delas só existe como prática no momento presente. Uma procissão existe durante a procissão e, a cada nova edição é uma recriação. Não há conservação, mas vivência, que modifica a cada instante. Além disso, essas manifestações têm sempre um caráter ambivalente e sincrético. Por um lado, há explicações teológicas e estruturas hierárquicas que, por definição, representam a continuidade e o poder. Quem dá vida ao ritual, entretanto, não conhece bem a teologia e, mais do que isso, a interpreta à sua maneira. As relações de poder tampouco são aceitas pacificamente. A reverência ao sacerdote ou ao oficiante pode mesmo reforçar as hierarquias sociais e religiosas, mas também essas autoridades se curvam às ânsias e às inspirações dos fiéis, em um movimento que não é apenas de reforço da ordem. Isso faz com que o patrimônio imaterial religioso seja capaz de expressar a diversidade de interesses sociais em jogo.

A DIVERSIDADE RELIGIOSA BRASILEIRA: TRADIÇÕES E SINCRETISMOS

No caldeirão brasileiro, talvez a diversidade religiosa seja o aspecto mais significativo e que, por isso mesmo, tem merecido atenção, quando se trata do patrimônio cultural imaterial. Neste capítulo, trataremos de duas festas ligadas ao mar, mas convém, antes disso, recordar a significação dessa diversidade como tesouro brasileiro. No catálogo das festividades religiosas, não se pode esquecer de que comunidades brasileiras preservam e recriam uma infinidade de festas que já pereceram em seus locais de origem e que aqui se encontram vivificadas também pelo contato com nossa diversidade. Assim, temos numerosíssimas comunidades libanesas, cujas festas e tradições por vezes já não existem no Líbano. O mesmo se pode dizer de rituais da península itálica e da Europa Oriental praticados por um grande número de grupos étnicos dispersos pelo Brasil. Como número de praticantes não é o que importa, os rituais de grupos indígenas ou das comunidades judaicas também representam parte substancial de nossa cultura religiosa imaterial. Contudo, estejamos atentos. Mesmo as comunidades mais fechadas não mantêm, apenas, os rituais. Como vimos, eles são recriados a cada momento e os influxos mútuos não deixam de consubstanciar as próprias tradições, que se tornam, assim, características de nosso país.

As celebrações místicas geralmente apresentam elementos multifacetados e interfaces com diferentes religiões. Agregam distintos mitos fundadores que, por uma via ou outra, tendem a explicar a origem e o sentido da existência humana. Não são raros os exemplos de sincretismos religiosos, tampouco os processos de apropriação de santos ou entidade, que produzem re-significações da relação do homem com a divindade. A celebração do Círio de Nossa Senhora de Nazaré e da Festa de Nossa Senhora dos Navegantes constituem exemplos significativos desses processos de assimilação ritual e de transformação que ocorrem ao longo do tempo. As duas festas apresentam similaridades e foram inspiradas nas práticas de devoção à Nossa Senhora, respectivamente, no século XII e no século XV. Logo, as origens das duas celebrações remetem ao catolicismo português medieval e se consubstanciam em manifestações rituais coletivas, nas quais se

O que é Patrimônio Cultural Imaterial 91

mesclam signos do sagrado e do profano e se fundem ações associadas ao espaço público e privado. Em ambos os casos, essas práticas remontam a práticas milenares, muito anteriores mesmo ao surgimento do Cristianismo. Essas características são capazes de nos revelar particularidades das identidades étnicas e tradições regionais seculares.

O CÍRIO DE NAZARÉ

O Círio de Nossa Senhora de Nazaré, celebrado na cidade de Belém do Pará desde o século XVIII, constitui-se num ritual detalhado que envolve procissões terrestres e fluviais, missas de abertura e enceramento, cumprimento de promessas e, por fim, a confraternização dos fiéis num almoço que reúne amigos e familiares. Os dados, contidos no processo nº 01450.01.010332-2004-07 dos bens culturais imateriais (2004, p. 3) e na certidão conferida pelo Iphan (2004, p. 1-2), atestam que a devoção à Nossa Senhora de Nazaré remonta à região da Estremadura portuguesa, em Nazaré, ao norte de Portugal, cujas origens conjugam tradições medievais manifestas por meio de procissões e representações dos embates contra os mouros. Alguns aspectos são ainda mais antigos, provenientes de cultos celtas e romanos, como o pagamento de promessas.

Procissão do Círio de Nazaré
Disponível em www.belem.pa.gov.br

A historiografia, que trata das manifestações do Círio no Brasil, assinala que a primeira procissão realizada por mando de Francisco de Souza Coutinho, então governador do Grão Pará e Rio Negro, ocorreu em 8/9/1793. Aliás, como salientou Stuart B. Schwartz, no artigo "The King's Processions: Municipal and Royal Authority and the Hierarchies of Power in Colonial Salvador" (2004, pp. 7-8), era costume no Brasil colonial a realização de cerimônias públicas, inclusive de procissões religiosas, cuja função simbólica centrava-se na representação da autoridade e da presença da Coroa de inúmeras formas.

Normalmente, tais eventos encetavam disputas e geravam desentendimentos entre as autoridades políticas e o clero, uma vez que se prestavam a dar visibilidade aos poderes instituídos e aos papéis sociais estabelecidos. A posição ocupada por um fidalgo ou uma pessoa do povo era distintiva do *status* e do pres-

O que é Patrimônio Cultural Imaterial 93

tígio de cada indivíduo na sociedade colonial. Por essa razão, a primeira romaria "oficializada" pelas autoridades de Belém contou com o "acompanhamento de tropas de infantaria e cavalaria", "membros da câmara" da cidade, além da Baronesa de Belém, dos fidalgos, dos indígenas e dos escravos.

A Festa de Nazaré se inicia com a procissão pródiga em imagens, carros alegóricos, rezas e hinos que rememoram à lenda do achado da imagem de Nossa Senhora na floresta da Província de Grão Pará e Rio Negro, em 1700, por um homem conhecido como Plácido. Esse caboclo se apossou da estatueta e a transportou para a choupana onde vivia. No dia seguinte, constatou que a imagem prodigiosamente havia voltado para o lugar onde havia sido encontrada. O hipotético acontecimento se difundiu na região e muitos quiseram comprovar o suposto "milagre", inclusive o governador da província, que ordenou a busca e a apreensão da imagem para que fosse conservada no Palácio do Governo. Contudo, o "inexplicável" traslado da santa tornou a se repetir causando a comoção e o espanto da população que habitava aquele logradouro. A partir de então, foi erguida uma pequena capela para abrigar a Nossa Senhora de Nazaré e inúmeros relatos passaram a constatar os seus milagres.

A realização do Círio em Belém do Pará, portanto, atualiza o "mito fundador" do culto à Nossa

Senhora, comove a população local, atrai pessoas de várias partes do país e gera a reprodução do ritual em escalas menores e privadas entre os paraenses que vivem em outras localidades do país. A procissão nos seus primórdios realizava-se da "cidade para o interior, uma vez que a Belém [...] do século XVIII, era ainda um núcleo reduzido". Com o passar dos anos, ela passou a ser efetuada no sentido contrário: a berlinda carregando a imagem da Santa deixa a Basílica de Nazaré e dirige-se para a Catedral de Belém, e depois refaz o mesmo percurso. A popularidade da celebração aumentou de maneira incomensurável, independentemente das iniciativas do clero ou das autoridades do Estado, e agregou novos elementos como o "Círio Fluvial" – inserção que acabou ratificando os vínculos entre a "religiosidade dos povos da região amazônica" e os "modos de viver da população local".

Círio Fluvial – Disponível em www.belem.pa.gov.br

O que é Patrimônio Cultural Imaterial   95

Além disso, tornou-se um evento do chamado turismo religioso que gera divisas para o Estado do Pará e garante a sobrevivência da população local que aproveita o ensejo para se inserir no mercado, comercializando toda sorte de suvenir, alimentos, bebidas, entre outros produtos.

A procissão terrestre reúne grupos de anjos, motoqueiros, carros alegóricos que aludem às metáforas do achado da Santa e seus prodígios. Entre eles, incluem-se referências ao castelo do primeiro fidalgo a receber as dádivas da Santa em Portugal, assim como barcaças que carregam insígnias das bênçãos alcançadas (objetos de cera como pernas, cabeças, muletas, casas, entre outros). Há ainda a berlinda que conduz a imagem da Santa.

Em termos estruturais, o ritual é composto por três segmentos principais, uma célula nuclear prestigiada por autoridades eclesiásticas, políticas, civis, militares e irmandades religiosas. Esses convidados eram e continuam sendo mantidos mais próximos da imagem da Santa e dentro da corda que constitui um dos elementos essenciais da procissão, e ainda distingue-os de toda a gente. Uma fração mediadora reúne os fiéis que carregam a corda e "puxam" a berlinda. Por fim, um sem-número de participantes acompanha o cortejo. As corporações militares de terra, céu e mar permanecem ladeando o núcleo central dessa procissão.

Festa da Senhora dos Navegantes

As memórias e as práticas coletivas e individuais relacionadas às distintas etnias e aos sincretismos religiosos do Círio de Nazaré apresentam similaridades com a Festa de Nossa Senhora dos Navegantes, realizada em Porto Alegre (Rio Grande do Sul), em Laguna (Santa Catarina), em Boa Esperança do Sul, na Ilha do Mel, em Paranaguá, em Coronel Domingos Soares, em Pato Bragado e em Itaipulândia (Paraná), entre outras localidades. A designação Nossa Senhora dos Navegantes, como já mencionamos, originou-se no século XV, em decorrência do incremento dos empreendimentos náuticos dos europeus, em especial dos portugueses. A essa época, a figura de Maria era, simbolicamente, associada a uma mulher audaciosa e mestra dos viajantes – o que a transformava num "talismã" nas tempestades. As tradições de associar a deusa da água salgada, Salácia, em latim, eram muito antigas em todo o Mediterrâneo e as antigas procissões pagãs foram revestidas de um verniz cristão, com a associação da Virgem à antiga divindade Salácia, esposa do deus Netuno. Durante a Idade Média, na Cristandade, o Mediterrâneo viu florescer as procissões marítimas em honra à *Madonna dei*

O que é Patrimônio Cultural Imaterial 97

marinai. As tradições portuguesas, portanto, ligam-
se a práticas milenares.

Naturalmente, nas celebrações faz-se menção
à oração dedicada para à Santa e se retomam os
seguintes clamores:

> [...] Virgem Maria, Senhora dos Navegantes,
> minha vida é uma travessia de um mar turbulen-
> to. As tentações, os fracassos e as desilusões são
> ondas impetuosas que ameaçam afundar minha
> frágil embarcação no abismo do desânimo e do
> desespero.
>
> Nossa Senhora dos Navegantes, nas horas de
> perigo eu penso em vós. O medo desaparece, o
> ânimo, a disposição de lutar e de vencer fortale-
> cem-me [...].

Tal prece confortava os navegadores que
pediam a proteção de Nossa Senhora, confiantes
num retorno tranquilo ao local de onde partiram.
Todavia, a interpretação da oração pode ser apli-
cada às fases turbulentas da vida dos fiéis que
nela confiam.

Assim como em Belém do Pará, as procissões
devotadas à Nossa Senhora dos Navegantes, orga-
nizadas no Sul do Brasil, deslocam a Santa da Igreja
de onde ela é padroeira para depois transladá-la ao

seu local de origem, por meio de procissões repletas de significados míticos que evocam hinos e fervorosas orações. No entanto, não podemos atestar que haja coincidência nas datas de início da Festa de Nossa Senhora dos Navegantes nas cidades acima citadas. Os registros referentes à festa em Porto Alegre remetem ao princípio do século XX, enquanto a celebração efetuada em Coronel Domingos Soares indica como marco o ano de 1955.

A despeito das diferentes temporalidades, as duas procissões são realizadas na primeira quinzena do mês de outubro e de fevereiro, respectivamente. Elas contam com a queima de fogos de artifício, o cortejo fluvial e o arremesso de presentes para a senhora das águas (como fitas, perfumes, flores, entre outros objetos). Dessa forma, os fiéis reverenciam tanto à santa católica quanto a entidade afro-brasileira sintetizada na figura do orixá Iemanjá, evidenciando os traços do sincretismo religioso brasileiro, talvez mais explícitos no Norte e Nordeste do país, mas também presentes no Sul. Nesse caso, também ao fim da procissão inicia-se a confraternização entre os devotos por meio da comensalidade, dos cantos e das danças. No caso de Belém, são consumidos pratos como o pato no tucupi, o tacacá e o camarão do rio conhecido como pitu. No Sul, além do almoço, dos doces e salgados típicos, con-

O que é Patrimônio Cultural Imaterial

somem-se frutas como a melancia, o abacaxi e uma espécie de coquinho denominado butiá.

Por certo, a teatralização das procissões e a ritualização da comensalidade abalizam os ciclos de interação social, caracterizados por atitudes cerimoniais, que conjugam a adoração aos santos reverenciados e o entretenimento satisfeito por meio do consumo abastado de bebidas e comidas típicas, da apresentação de folguedos e cantorias – elementos que tradicionalmente completam um circuito recorrente nas festas de santo que articulam as práticas do "rezar", "comer" e "dançar". Esta sucessão de atividades evoca conhecimentos tradicionais relacionados ao saber fazer de sistemas culinários, bailados e folias que combinam traços, simultaneamente, regionais e universais.

Em síntese, a coesão, e as tensões sociais e as manifestações públicas de religiosidade proclamadas por meio da fé, do lazer e dos costumes alimentares, contribuem para ratificar tradições, revigorar os sentidos de pertencimento, explicitar, fortalecer e contestar hierarquias além de fortalecer as intricadas identidades nacionais, regionais, étnicas e religiosas, reveladoras de aspectos da vida social e do patrimônio cultural de inúmeras comunidades.

A BELEZA, A VITALIDADE E O VALOR DO PATRIMÔNIO CULTURAL

Por ocasião da proclamação e do registro do Tambor de Crioula, no Livro das formas de expressão do patrimônio cultural imaterial brasileiro, em 18 de junho de 2007, em São Luís do Maranhão, o ministro da Cultura, Gilberto Gil, afirmou que o registro celebrou "a primeira ação de um conjunto de políticas que o Governo Federal" aspirava a "implementar para a preservação do bem cultural". Nessa direção, ratificou a necessidade do desenvolvimento de planos de salvaguarda capazes de contemplar medidas que assegurassem a "transmissão dos saberes, o estímulo a novos compositores e o apoio ao registro fonográfico e audiovisual" desse patrimônio. Além disso, salientou que ações contíguas deveriam promover a "difusão" e o "incentivo" de pesquisas sobre a cultura popular.

O discurso entusiasta de Gilberto Gil, realizado na Casa das Minas (um dos terreiros mais antigos da capital maranhense), foi acompanhado por Luiz Fernando de Almeida (presidente do Iphan), Jackson Lago (governador do Maranhão) e Sandra Torres (prefeita em exercício de São Luís), além dos representantes do Conselho Consultivo do Patrimônio Cultural e dos brincantes que ocuparam as ruas do centro da cidade, festejando com seus tambores e bailados o merecido reconhecimento. Aclamado, o ministro enfaticamente declarou: "Não é o registro que vai garantir a sobrevivência do Tambor de Crioula, mas é a responsabilidade de todos nós".

Em contrapartida, os comentários de alguns mestres do Tambor lembraram a função social do registro e sua importância na esfera da sustentabilidade dos grupos e das comunidades. Para o mestre Amaral, esse registro "veio para melhorar as condições do grupo e divulgar ele *(sic)* em todo o Brasil", complementando essa fala, o mestre Felipe, um dos mais antigos da região, salientou que o "tambor tira essas crianças da marginalidade".

Se considerarmos, como afirmou nessa oportunidade a prefeita Sandra Torres, que a "cultura é o viés mais forte para erguer a autoestima de um

O que é Patrimônio Cultural Imaterial 103

povo", temos que ter claro que para tanto se torna fundamental o respeito à diversidade e à criação de condições necessárias à transmissão dos conhecimentos adquiridos e da herança cultural dos povos. Num mundo globalizado que tende a homogeneizar as culturas, a aproximação entre crianças, jovens, adultos e anciãos detentores de saberes e práticas ancestrais nem sempre ocorre de forma harmoniosa. As autoridades políticas, as escolas e as comunidades locais precisam se aglutinar em torno de programas e projetos comuns de preservação de seus bens culturais, de proteção das tradições orais e populares. Dessa maneira, os cidadãos envolvidos vão se sentir valorizados por meio dos ofícios artesanais, das receitas culinárias, das beberagens medicinais e dos saberes de suas comunidades e, com certeza, serão motivados a transmitir esses conhecimentos às próximas gerações.

Maria de Lourdes Parreiras Horta, uma experiente especialista na educação patrimonial no Brasil, avalia que essa "prática pedagógica" deve partir de alguns preceitos assentados na própria teia histórica que envolve cada bem, artefato ou expressão cultural. E ela adverte: "[...] É preciso apreender a ouvir as coisas, a entender suas lições..." (2005, p. 223-224).

Essa valorização do patrimônio cultural, seja material ou imaterial, talvez induza as comunidades a cobrarem dos seus representantes políticos ações em prol da preservação de suas tradições ou, pelo menos, o reconhecimento formal delas. Todavia, um dos maiores desafios a ser enfrentado no campo da preservação do patrimônio cultural se deve à sua dispersão na imensidão do território brasileiro e, principalmente, à urgente necessidade de integração das políticas culturais às demais políticas públicas prioritárias do país. Estaremos satisfeitos se este livro puder contribuir para que os leitores possam se posicionar e participar da construção de práticas culturais que valorizem nossa diversidade, tão bem expressa no patrimônio imaterial brasileiro.

INDICAÇÕES PARA LEITURA

A *Convenção para a salvaguarda dos bens culturais intangíveis*, de 2003, está publicada no *International Journal of Cultural Property*, 12, 4, 2005, p. 447-465. Um apanhado da trajetória do termo *cultura* encontra-se em *Keywords: a Vocabulary of Culture and Society*, de Raymond Williams (Londres: Fontana, 1988), disponível em português, publicado pela Boitempo. Os sentidos latinos da palavra estão esmiuçados no *Dictionnaire étymologique de la langue latine*, de A. Ernout e A. Meillet (Paris: Klincksieck, 1967).

As definições da Antropologia estão em *A antropologia contemporânea*, de Jean-Marie Auzias (São Paulo: Cultrix, 1978, p. 11), e *L´Anthropologie*, de Marc Auge e Jean-Paul Colleyn Paris: PUF, 2004), p. 12. A citação de Pascal Ory vem de *L´Histoire*

Culturelle (Paris: PUF, 2004), p. 8. A diferença entre
o chimpanzé e o ser humano está em *Cultura, um
conceito antropológico*, de Roque de Barros Laraia
(20ª. ed., Rio de Janeiro: Zahar, 2006). A citação de
Giberto Freyre, vem de *Sociologia*, tomo 1,
Introdução ao estudo dos seus princípios, (3ª. ed., Rio
de Janeiro: José Olympio, 1962) p. 546. A definição
de Christoph Brumann está em seu artigo "Writing
Culture: Why a Successful Concept Should not Be
Discarded", *Current Anthropology*, 40, Supplement,
February 1999, p. S23. A historicidade das culturas
está bem tratada em *A noção de cultura nas ciências
sociais*, de Denys Cuche (2ª. ed., Bauru: Edusc,
2002). A ponderação de Marc Augé fazia parte de
uma sua conferência em Perúgia, em parte publicada no *Corriere della Sera*, 11/1/2007, p. 27, sobre
"Nuove identità". A citação de Warnier está em
seu livro *La mondialisation de la culture* (Paris: La
Découverte, 2004), p. 20. A entrevista de Marshall
Sahlins foi publicada em *Le Nouvel Observateur*, 26
de julho de 2007, pp. 78-81.

   As discussões sobre identidades e pertencimento estão no livro de Pedro Paulo A. Funari, Charles
E. Orser Jr., Solange Nunes de Oliveira Schiavetto,
*Identidades, discurso e poder: estudos da arqueologia
contemporânea* (São Paulo: Annablume/Fapesp,
2005); e nas obras de Manuel Castells e Stuart Hall,
respectivamente, *O poder da identidade* (Rio de

Janeiro: Paz e Terra, 2000) e *A identidade cultural na pós-modernidade* (Rio de Janeiro: DP&A, 2005). O tema da genética das populações está desenvolvido em *Claude Lévi-Strauss*, de Catherine Clément (Paris: PUF, 2002) p. 93. Claude Lévi-Strauss trata do valor da preservação da diversidade em *Lê regard éloigné* (Paris: Plon, 1983). A citação do *Capital*, de Karl Marx (1, v. 1) foi retirada do livro *Arqueologia*, de Pedro Paulo A Funari (São Paulo: Contexto, 2003) p. 14. A discussão sobre patrimônio encontra-se em *Patrimônio histórico e cultural*, de Pedro Paulo A Funari e Sandra Pelegrini (Rio de Janeiro: Jorge Zahar, 2006). A citação do artigo de Tolina Loulanski está em "Revising the Concept for Cultural Heritage: the Argument for a Functional Approach", *International Journal of Cultural Property*, 13, 2006, p. 213. A citação de Edward Said vem do seu artigo "Umanesimo", publicado postumamente no *Corriere della Sera*, 7/1/2007, p. 23.

Vale a pena consultar as proposições de Pierre Nora acerca da consciência do patrimônio, no artigo "Conclusion dês entretiens", publicado em *Sience et conscience du patrimoine: actes dês entretiens du patrimoine* (Paris: Librairie Fayard/Éditions du Patrimoine, 1997) e avaliar as hipóteses de Kawada, La mémoire corporelle: le patrimoine immatériel, em *Pourquoi se souvenir?* (Académie Universelle des Cultures: Grasset, 1998), p. 146-50. Os conceitos de conservação integrada e desenvolvimento sustentável encontram-se no livro *Gestão do patrimônio cultural integrado*, editado por Sílvio Mendes Zancheti (Recife: Ceci/Universidade Federal de Pernambuco, 2002). Além deles, recomendamos a leitura do artigo "Cultura e natureza: os desafios das práticas preservacionistas na esfera do patrimônio cultural e ambiental", publicado no Dossiê Natureza e Cultura (julho de 2006), da *Revista Brasileira de História* (São Paulo: Anpuh, 2006) e *World Heritage Sites: Types and Laws*, na *Encyclopaedia of Archaeology* (Oxford: Elsevier, 2007), ambos de autoria de Sandra Pelegrini, constituem volumes pertinentes ao assunto. A acepção de patrimônio imaterial é contemplada em três obras bastante acessíveis: 1) *Os sambas, as rodas, os bumbas, os meus e os bois: a trajetória da salvaguarda dos bens imateriais no Brasil (1936-2006)*; 2) *Samba de roda do Recôncavo Baiano;* 3) *O registro do patrimônio imaterial: dossiê das atividades da comissão e do grupo de trabalho do patrimônio imaterial*, todos publicados em Brasília: Departamento do Patrimônio Imaterial/Iphan, respectivamente nos anos 2006, 2005 e 2000. Foram citados os cadernos *Registro e políticas de salvaguarda para as culturas populares* (Rio de Janeiro: Iphan/CNFCP, 2005), organizado por Andréa Falcão, e também *Alimentação e cultura popular* (Rio de Janeiro: Funarte/

CNFCP, 2002), editado por José Reginaldo Santos, no qual são apresentadas reflexões de Elizabete Mendonça e Maria Dina Nogueira Pinto sobre as relações entre o patrimônio e os sistemas culinários. Questões da educação patrimonial foram contempladas em "Lições das coisas: o enigma e o desafio da educação patrimonial", texto de Maria de Lourdes Parreiras Horta, na *Revista do Patrimônio Histórico e Artístico Nacional* (Brasília: Iphan, nº 31, 2004). O Inventário Nacional de Referências Culturais – INRC/Iphan, matérias jornalísticas da *Folha de S. Paulo* e do noticiário do próprio Iphan foram importantes para o entendimento dos discursos e das repercussões relativas às questões do patrimônio imaterial.

A abordagem sobre a religiosidade como fenômeno cultural e a diversidade que envolve distintos rituais foi enfrentada por Isidoro Alves, no artigo "A festiva devoção no Círio de Nossa Senhora de Nazaré" (*Estudos Avançados*, 2005, v. 19, nº 54, pp. 315-332); Renato A. Carneiro Jr., na obra *Festas populares do Paraná* (Curitiba: Secretaria do Estado da Cultura, 2005); Eidorfe Moreira, em *Visão geosocial do Círio* (Belém: Gráfica Universitária, 1971); Sandra C. A. Pelegrini, em "A diversidade e os impasses da desmaterialização do patrimônio cultural", integrado aos *Anais – XXIV Simpósio Nacional de História – História e multidisciplinaridade: territó-*

rios e deslocamentos (São Leopoldo/Rio Grande do Sul: Anpuh – Unisinos, 2007), p. 1-8 e por Carolina Chagas, no livro *Nossa Senhora* (São Paulo: Publifolha, 2006). As relações entre as simbologias do poder e as procissões religiosas manifestas nas cerimônias públicas foram pesquisadas por Stuart B. Schwartz, no texto Ceremonies of Public Authority in a Colonial Capital. The King's Processions and the Hierarchies of Power in Seventeenth Century Salvador, publicado nos *Anais de História de Além-Mar* (Lisboa: Centro de História de Além-Mar, 2004), p. 7-27.

As citações referentes aos documentos oficiais constam da *Constituição da República do Brasil* (1988) e das emendas constitucionais acessíveis em http://www6.senado.gov.br; *Decreto-lei nº 25/1937* (principal instrumento jurídico utilizado pelo Iphan) e *Decreto nº 3551/2000* (Registro de Bens Culturais de Natureza Imaterial), ambos disponíveis em http://www.portal.iphan.gov.br. Entre os documentos produzidos por organizações como a Unesco e entidades afins, consultamos a *Carta de Fortaleza* (1997); *Carta de Haia* (1954); *Carta de Veneza* (1964); *Declaração de Amsterdã* (1975); *Declaração do México* (1982 e 1985); *ECO-1992; Agenda 21; Recomendação sobre a Salvaguarda da Cultura Tradicional e Popular* (1989); *Nossa Diversidade Criativa* (1996); *Declaração Universal da*

Unesco sobre a Diversidade Cultural (2001); *Lista de Obras-Mestras do Patrimônio Oral e Imaterial da Humanidade* (2001 e 2005). Além de *Declaration Concerning the Intentional Destruction of Cultural Heritage* (2003); *Convention on the Protection and Promotion of the Diversity of Cultural Expressions* (2005) e *Protocolo de Kyoto* (2004), todos disponíveis em http://www.unesco.org.br.

AGRADECIMENTOS

Agradecemos o apoio institucional do Núcleo de Estudos Estratégicos da Unicamp, CNPq, Fapesp e a Universidade Estadual de Maringá; o incentivo dos professores Francisco Ollero Lobato (Universidad Pablo de Olavide, Sevilha, Espanha) e Stuart B. Schwartz (Yale History Faculty, EUA), e ainda aos colegas do *International Journal of Cultural Property*, assim como Thomas Patterson. A responsabilidade pelas ideias, naturalmente, restringe-se aos autores.

Sobre os autores

Sandra C. A. Pelegrini

Sou natural de São Paulo – capital, graduei-me em História (Unesp/Assis, 1988), obtive o mestrado em História e Sociedade (Unesp, 1993), doutorado em História Social (USP/2000). Desenvolvi os estudos de pós-doutorado na Unicamp, entre 2005 e 2006, sob a tutela do Professor Dr. Pedro Paulo Funari. Como docente lotada no Departamento de História, da Universidade Estadual de Maringá (UEM), tenho atuado desde 1991 no ensino de graduação em História e, a partir do ano 2000, nos cursos de graduação em Arquitetura e Urbanismo e de pós-graduação em História, no Mestrado, do qual fui coordenadora entre 2001 e 2003. Tenho trabalhado na linha de pesquisa "Fronteiras, populações e bens culturais", nos cursos de especialização voltados ao debate sobre políticas públicas, projetos e comissões de cultura empenhadas na defesa do patrimônio cultural na região do Norte do Paraná. Como coordenadora do Laboratório de Estudos das Artes e do Patrimônio Cultural da UEM e pesquisadora do Núcleo de Estudos Estratégicos da Unicamp, tenho aprofundado as reflexões em torno do patrimônio cultural, das memórias, das artes e das identidades. Por conseguinte, publiquei vários artigos científicos, em revistas especializadas brasileiras e estrangeiras. Entre as produções e coedições mais recentes, vale destacar *A UNE nos anos 60: utopias e práticas políticas no Brasil* (Londrina: Eduel, 1998); *História, espaço e meio ambiente* (Maringá: Anpuh Paraná, 2000); *Dimensões da imagem: interfaces teóricas e metodológicas* e *narrativas da modernidade na pesquisa histórica* (ambos publicados pela Editora da UEM, em 2005); *Patrimônio histórico e cultural*, com Pedro Paulo A. Funari (Rio de Janeiro: Jorge Zahar, 2006) e "World Heritage Sites: Types and Laws", na *Encyclopaedia of Archaeology*, organizada por Deborah M. Pearsall (Oxford: Elsevier Ltd., 2007). Meus e-mails são spelegrini@wnet.com.br e sandrapelegrini@yahoo.com.br.

PEDRO PAULO A. FUNARI

Nasci em São Paulo, graduei-me em História (USP, 1981), obtive o mestrado em Antropologia Social (USP 1985), doutorado em Arqueologia (USP, 1990), Livre-Docência em História (Unicamp, 1996), fui professor da Universidade Estadual Paulista (Unesp/Assis, 1986-1992), sendo hoje professor titular da Universidade Estadual de Campinas (de 1992 em diante), pesquisador associado da Illinois State University (Estados Unidos) e da Universitat de Barcelona (Espanha), professor, também, do Programa de Pós-Graduação em Arqueologia da Universidade de São Paulo, coordenador-associado do Núcleo de Estudos Estratégicos da Unicamp. Atuo, ainda, como pesquisador do Núcleo de Estudos e Pesquisas Ambientais (Nepam/Unicamp) e no doutorado em Ambiente e Sociedade. Lidero o Grupo de Pesquisa do CNPq, sediado no Núcleo de Estudos Estratégicos da Unicamp. Publiquei mais de 200 artigos científicos, em revistas acadêmicas brasileiras arbitradas, e mais de 50, em revistas estrangeiras arbitradas. Publiquei dezenas de livros, diversos deles no exterior, como *Global Archaeological Theory* (Nova York: Kluwer, 2005). Atuei como professor convidado em diversas universidades estrangeiras. Sou estudioso do patrimônio e membro do conselho editorial da revista International Journal of Cultural Property, assim como atuante na preservação digital. Meu e-mail é ppfunari@uol.com.br